LE
PSYCHISME
EXPÉRIMENTAL

ÉTUDE

DES PHÉNOMÈNES PSYCHIQUES

PAR

ALFRED ERNY

PARIS
LIBRAIRIE E. FLAMMARION
26, RUE RACINE, PRÈS L'ODÉON

1895

LE

PSYCHISME EXPÉRIMENTAL

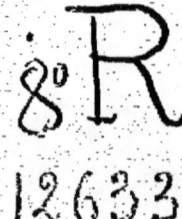

Droits de traduction et de reproduction entièrement réservés.

LE
PSYCHISME
EXPÉRIMENTAL

ÉTUDE

DES PHÉNOMÈNES PSYCHIQUES

PAR

ALFRED ERNY

PARIS
LIBRAIRIE E. FLAMMARION
26, RUE RACINE, PRÈS L'ODÉON

1895

PRÉFACE

Je dédie ce livre à mon confrère et ami

VICTORIEN SARDOU

qui ne m'a pas ménagé sa sympathique approbation pendant ce long et pénible travail. Comme William Crookes, le célèbre chimiste anglais, et comme notre vieil ami Eugène Nus, Sardou n'a jamais varié dans ses convictions, malgré les plaisanteries faciles que les gens très malins se croyaient obligés de lui faire.

Fort heureusement les temps ont changé, et il est déjà loin le moment où Eugène Nus publiait son ouvrage intitulé : *Choses de l'autre monde*. A cette époque il y avait quelque courage à écrire un livre sur ces phénomènes que le monde scientifique dédaignait, et que le bon public ridiculisait ou traitait d'habile prestidigitation.

Actuellement, le mouvement psychique s'accentue tous les jours, et comme me le disait une fois Sardou : « La glace est rompue, elle ne le « serait pas d'ailleurs que vous auriez le mérite « de contribuer à la rompre, avec quelques « autres. »

En effet, dans tous les pays on s'occupe maintenant de ces questions si importantes et si complexes. Beaucoup de savants, jadis très sceptiques, ont été forcés de se rendre à la réalité des faits, et le nombre de ces savants augmente chaque année.

« Avant peu, disait un célèbre professeur « anglais, il n'y aura plus que les ignorants qui « nieront ces phénomènes. » C'est justement ce que pensait Sardou, lorsqu'en 1892 il m'écrivait ceci :

« Les incrédules et les ignorants ne se font « pas scrupule, pour couper court à des discus-« sions qui les agacent, de lancer des assertions « hasardées que la galerie accepte naturellement « sans contrôle et répète complaisamment... trop « heureuse d'échapper par là à l'obligation d'ob-« server et de se faire une opinion basée sur de « sérieuses expériences. »

C'est grâce à des expériences de ce genre que tant d'hommes de science et de professeurs, en Europe et en Amérique, ont pu se faire une conviction et l'affirmer bravement, comme on le verra au chapitre 1er de mon livre.

Pour cet ouvrage il m'a fallu compulser et traduire plus de trois cents articles ou volumes publiés en Angleterre, Amérique, Allemagne, etc. C'était un travail énorme et des plus difficiles; mais j'ai suivi l'exemple de feu Eugène Nus qui m'écrivait, en 1892 :

« Voilà bien des années que je passe à piocher
« des choses ingrates, sachant que cela ne me
« donnera ni honneur ni profit, et je ne regrette
« pas une minute de ce temps-là. Faites comme
« moi et ne cherchez votre satisfaction qu'en
« vous-même. Tout le reste est subjectif, pure
« illusion, *maya* comme le disent les Indous. »

En terminant, je tiens à remercier publiquement Victorien Sardou, d'avoir bien voulu accepter la dédicace de ce livre, et William Crookes et A. Ruffell Wallace, les deux grands savants anglais, de m'avoir permis de publier leurs très importantes lettres particulières.

21 décembre 1894.

Alfred ERNY.

PREMIÈRE PARTIE

INTRODUCTION

Le matérialisme est en pleine décroissance. Jadis triomphant pendant tout le XIXe siècle, il s'effondre lentement mais sûrement.

C'est en vain que les champions de cette doctrine terre à terre nous exposent encore leurs conceptions pessimistes, ils ne trompent plus personne.

La philosophie nous laisse froids et la métaphysique elle-même a peu d'action sur nous. Ce que l'on veut maintenant ce sont des faits et non des théories. Depuis quinze ans la poussée du spiritualisme a été si forte qu'elle emportera les derniers obstacles, car ce mouvement marche avec la rapidité de toutes choses actuellement.

Je vais résumer brièvement les débuts de ce que j'appellerai le psychisme expérimental, afin de pouvoir ensuite étudier à fond les phénomènes d'une nature plus élevée.

De 1850 à 1890, beaucoup de savants américains, anglais, allemands, russes, italiens, etc., ont ouvert la voie à leurs risques et périls ; mais plus nous irons et plus leur courageuse initiative sera suivie par d'autres mieux armés pour la lutte. Malheureusement pour la France, on doit constater que presque tous ses savants ont été atteints de l'épidémie matérialiste qui a causé de si cruels ravages aux xviiie et xixe siècles. C'est pourquoi Yveling Rambaud écrivait en 1886 : « Nos savants ne valent pas moins que « ceux des autres pays, mais ils ne sont pas au « courant de divers phénomènes bien connus de « l'antiquité. »

La crainte d'être raillé paralyse les plus courageux ou les plus entreprenants. On a peur aussi de perdre ou de compromettre une situation laborieusement acquise ou péniblement conquise ; sans compter l'ennui de voir des théories séculaires démolies comme de vieilles maisons.

En dernier lieu, la philosophie matérialiste et sceptique, qui depuis longtemps constitue l'enseignement scientifique, est une des principales causes de ce retard dans l'étude des phénomènes psychiques.

Autant les savants, depuis un siècle, ont fait faire des pas de géant à la science physique, autant la science psychique est restée lettre morte pour la plupart d'entre eux.

Comme le disait un prêtre bouddhiste du Thibet à un docteur anglais : « Depuis cent ans vous « avez étudié la matière sous toutes ses formes ;

« nous, il y a dix mille ans et plus que nous étu-
« dions l'âme et ses facultés. »

Aux États-Unis, en Angleterre, en Allemagne, en Russie, etc., les savants ne craignent pas le ridicule, ils s'en moquent même complètement ; aussi c'est à ceux (plus nombreux qu'on ne le croit) qui se sont occupés froidement et méthodiquement des phénomènes psychiques que je ferai le plus d'emprunts. *Tous étaient d'abord absolument incrédules, tous ont été forcés de se rendre à l'évidence.* Dans ces divers pays il y a eu des personnalités récalcitrantes, mais l'exception confirme la règle ; et on verra par la liste que je donnerai qu'elle ne se compose pas des premiers venus.

Plusieurs docteurs en France, en Angleterre et en Amérique, ont perdu une belle situation pour avoir avoué franchement leurs opinions. Ils peuvent se consoler en pensant que Galilée a failli être brûlé, et que Fulton a été emprisonné comme fou. C'est en général le sort de ceux qui devancent leur époque et ne se plient pas aux opinions courantes.

Gare aux éclaireurs.... placés à l'avant-garde, ils reçoivent toujours les premiers coups.

Depuis qu'on a étudié certains états psychiques présentés par les hypnotisés, la face des choses a changé ; et peu à peu on sera fatalement entraîné à observer ces phénomènes qu'on appelait spirites autrefois, et qui, en changeant de nom, finiront par devenir scientifiques.

J'ai été soutenu dans ce travail aride par les vifs encouragements de beaucoup de spiritualistes, entre autres V. Sardou et E. Nus. Voici ce que ce dernier m'écrivait en 1892. « Ne pen-
« sez pas à tout le mal que cela vous donnera,
« pensez à l'utilité de ce travail. »

Certes, j'ai songé aussi à tout le mal qu'on pourrait dire de mon livre ; mais la raillerie importe peu, si le but est atteint.

Mon objectif a été de réunir un grand nombre de faits étudiés et contrôlés par des savants et des expérimentateurs au-dessus de tout soupçon, et de les mettre en évidence.

Si extraordinaires que soient les phénomènes que je vais étudier, ils n'en sont pas moins dignes d'intérêt, car le vrai peut quelquefois paraître invraisemblable. Malgré la parfaite mauvaise grâce des gens de science, qui affectent de dédaigner ces faits, il n'est plus possible de les nier, et s'entêter à rire des phénomène spsychiques devient de plus en plus puéril.

J'espère que les expériences citées par moi ne laisseront que peu de doute aux gens de bonne foi, car tout ce qui m'a paru sujet à caution a été rigoureusement écarté.

Quant aux ignorants ou aux incrédules de parti-pris, ils sont incorrigibles, et on perdrait son temps à vouloir les convaincre. Que les plus

grands savants leur affirment la chose, ils nieront quand même. Éternels saints Thomas ils veulent voir ou toucher, et c'est sans doute de cette catégorie de gens dont a voulu parler Machiavel lorsqu'il a dit : « Il y a trois espèces de cerveaux ; les
« premiers sont ceux qui d'eux-mêmes com-
« prennent la raison d'être des choses ; les seconds
« sont ceux qui reconnaissent la vérité, quand
« elle leur est prouvée par d'autres ; et les derniers
« sont ceux qui ne sont capables de comprendre
« d'aucune façon ; naturellement ils forment la
« majorité. »

L'inconvénient de ces phénomènes, c'est la difficulté de les observer selon les méthodes dites scientifiques.

Quand on demande à certains savants matérialistes de faire des expériences, ils posent leurs conditions, sans savoir :

1° Quelles sont aussi les conditions où le phénomène peut se produire ;

2° Pourquoi le fluide psychique agit dans certains cas et pas dans d'autres ;

3° Pourquoi, enfin, les phénomènes sont-ils contrariés ou *annulés*, soit par l'état de l'atmosphère, soit par celui des médiums ou celui des personnes présentes.

Comme on ignore en partie les lois qui gouvernent ces phénomènes, il est impossible de les étudier dans des conditions fixes ou fixées.

Chaque corps humain possédant une quantité

plus ou moins forte de fluides, ces derniers peuvent souvent se neutraliser l'un par l'autre, et il en résulte de nouvelles difficultés pour l'observateur.

Ce qui a beaucoup nui et nuira toujours à l'étude de ces phénomènes, ce sont les médiums qui ont été pris en flagrant délit de fraude. Il n'y a pas d'ailleurs à s'étonner de cela, car on falsifie tout, on imite tout, même le diamant et le billet de banque. Cela enlève-t-il de sa valeur au vrai diamant et au vrai billet de banque? Cela empêche-t-il d'y croire? Toute chose a sa contrefaçon qui est son plus grand ennemi.

Aussi les faux médiums ont trouvé tout naturel d'exploiter ce terrain nouveau. En Amérique et en Angleterre, certains individus très pratiques se sont emparés de cette industrie et en ont tiré de beaux bénéfices. L'appât du gain, l'amour de l'argent entraîneront toujours à tromper.

Divers savants, habitués à expérimenter dans des hôpitaux ou des maisons de fous, s'imaginent que les médiums sont des histériques ou des malades. Rien n'est plus inexact! La vérité est que la médiumnité est un don. Le médium est un être organisé autrement que tout le monde; il a des perceptions psychiques très particulières et très affinées; c'est un sensitif au plus haut degré, mais s'il abuse de ce don, son état général s'en ressentira plus vite que chez d'autres.

La force psychique s'épuise comme la force

vitale, *mais dès qu'un médium est malade, les phénomènes cessent;* ils ne reprennent que si le malade est revenu à la santé.

Lorsqu'un médium payé a donné de trop fréquentes séances, il est à bout de forces... psychiques, et si les phénomènes ne se produisent pas (les médiums savent très bien que cela ne dépend pas d'eux), comme il faut vivre et pour cela contenter le public, le médium a recours à des trucs qui tôt ou tard sont découverts et le ruinent à tout jamais; qu'il ait été souvent de bonne foi ou non.

Pour ma part, je préfère les médiums particuliers et non payés; ceux-là seuls offrent des garanties certaines contre la fraude, car ils n'ont aucun intérêt à vous tromper. Ces médiums ne sont malheureusement pas à la portée de tout le monde, mais les personnes qui veulent sérieusement étudier les phénomènes, arrivent bien vite à connaître des sensitifs de ce genre.

La déconsidération qui a longtemps pesé sur le magnétisme, pèse encore sur les phénomènes dits spiritiques, qu'il est plus juste d'appeler psychiques, car les esprits n'y jouent pas toujours de rôle. De même que le magnétisme a été baptisé *hypnotisme,* ce qu'on appelle *spiritisme* en France et *spiritualisme* en Amérique et en Angleterre [1] finira par être ondoyé sous le nom de

---

[1] Un fait curieux c'est qu'en Angleterre les gens dégoûtés de la crédulité trop forte de certains spiritualistes ont adopté de

psychisme, et ce nouveau venu sera un jour au spiritisme ce que la chimie a été à l'alchimie. En dépit des nombreux phénomènes observés et étudiés dans le monde entier, l'école matérialiste s'entête à nier ces faits, d'abord parce qu'ils sont gênants, et surtout parce qu'ils détruisent la plus grande partie de leurs théories physiologiques. Les générations futures seront stupéfaites du parti-pris de certains savants, et au siècle prochain les théories matérialistes paraîtront aussi ridicules que celles de Faraday et de Jobert de Lamballe sur les coups provenant de la force psychique.

Depuis cent ans, toute notre éducation, toutes nos idées éloignaient le plus grand nombre de l'étude de ces phénomènes. Le sentier battu est si commode à parcourir, et les préjugés si difficiles à déraciner.

Je sais parfaitement que certains docteurs ou professeurs s'occupent de ces questions, mais je me méfie absolument de leur parti pris d'école. Leur éducation matérialiste est si enracinée, et leur entourage scientifique si mal disposé qu'ils auront bien du mal à rompre en visière avec les vieilles routines et les vieux clichés.

Dans un livre sur le magnétisme de MM. Binet et Féré j'ai lu ceci :

préférence le mot *spiritism*. En France, le même effet s'est produit en sens contraire, et les indépendants ont adopté le mot de spiritualisme.

« L'étude des paralysies par suggestion ouvre
« à la psychologie des horizons complètement
« nouveaux; ces faits déconcertent le psycho-
« logue, ils échappent à toutes les lois mentales
« qu'il a posées; ils refusent d'entrer dans le
« cadre trop étroit de ses classifications. »

On peut en dire autant des phénomènes psychiques, ils ouvrent des horizons complètement nouveaux et ils échappent à toutes les lois posées par la science matérialiste, *parce que ces faits sortent du cadre trop étroit de leurs classifications.*

Dans mon étude psychique, je tâcherai d'être impartial, c'est-à-dire de me tenir à égale distance de la crédulité excessive de quelques spirites et de l'incrédulité encore plus exagérée des matérialistes ou positivistes qui ne voient pas plus loin que.... leur corps.

CHAPITRE PREMIER

LES PHÉNOMÈNES PSYCHIQUES.

L'étude des phénomènes psychiques comprend une série de faits étranges et en apparence surnaturels, mais ne semblant tels que grâce à l'ignorance des lois qui les gouvernent. Ils peuvent se diviser en cinq catégories :

1º Les phénomènes de tiptologie ou coups psychiques répondant intelligemment à des questions;

2º Les phénomènes d'apports, de lévitations et de mouvements d'objets sans contact;

3º L'écriture automatique et l'écriture directe;

4º La *psychométrie,* phénomènes d'un genre tout nouveau, et ayant quelques rapports avec la télépathie et le somnambulisme;

5º La *téléplastie,* ou apparitions de formes matérialisées et tangibles : phénomènes encore peu connus en France et d'un caractère très complexe.

Je ne m'occuperai pas des phénomènes de somnambulisme et d'hypnotisme, car ils sont étudiés tous les jours par deux écoles rivales dont les conclusions sont quelque peu divergentes.

Résumons vivement les expériences d'autrefois.

De 1851 à 1854, un chimiste américain de Philadelphie, le professeur Robert Hare, étudia les phénomènes psychiques dans des conditions rigoureuses d'observation scientifique. Il se servit d'instruments spéciaux imaginés par lui, espérant prouver que la force mise en jeu n'était autre que celle des personnes présentes aux expériences. Mais le résultat fut tout à fait différent de celui qu'il désirait.

R. Hare était très sceptique à cette époque et, bon gré malgré, il fut obligé de constater que ces phénomènes étaient gouvernés par *des intelligences* sur la nature desquelles il y a divergence d'opinions.

R. Hare n'expérimenta qu'avec des médiums non publics, ce qui est un grand point, et il dit ceci nettement : « *Dans les conditions où j'ai fait mes expériences, il serait impossible à un médium, par sa volonté ou sa force musculaire, de mouvoir des corps pesants ou d'agir sur l'index placé sur le disque de mon appareil.* La seule « explication que je puisse donner de ces phénomènes, c'est que l'intelligence présente peut, par « la volition, priver les corps inertes de la force « d'inertie et mouvoir ces corps par la volonté. » Robert Hare remarque aussi, au sujet des coups psychiques se produisant sans contact, que c'est le moyen employé par les désincarnés pour faire connaître leur présence. Ce moyen vulgaire est exactement celui d'une personne qui la nuit frapperait à votre porte, afin d'attirer votre attention. *Dès qu'elle sait qu'on l'a entendue, elle cesse.*

Vingt ans après R. Hare, de 1870 à 1874, William

Crookes, un chimiste anglais, célèbre par ses travaux et ses découvertes (entre autres le thallium et la matière radiante), fit aussi des expériences avec des appareils spéciaux. J'engage beaucoup ceux qui n'ont pas lu son livre intitulé : *Recherches sur la force psychique* [1], à le lire avec soin. En 1889, après un long silence, Crookes se décida à publier (dans les Bulletins de la Société des recherches psychiques de Londres) diverses expériences qui confirment celles publiées par lui autrefois.

« Ce sont, dit-il, *des constatations exactes de « faits que je crois encore être du plus grand inté- « rêt pour la science. En tous cas, leur publication « prouvera que je n'ai pas changé d'opinion, et « qu'en revoyant avec calme les expériences faites « par moi il y a près de vingt ans, je n'ai rien à « rétracter ni à modifier.*

« Je sais parfaitement que des médiums ont été « pris en flagrant délit de supercherie, et j'étais sur « mes gardes même avec D. Home (un célèbre mé- « dium). Cependant, je dois reconnaître qu'avec lui, « *je n'ai jamais pu surprendre aucune supercherie « d'aucun genre* [2]. La réalité et la force des phéno- « mènes obtenus par Home en ma présence me « semblent plutôt fortifiées que diminuées par les « polémiques à propos des prestidigitateurs et les « diverses fraudes de médiums qu'on a découvertes « depuis mes expériences. *Le but de ces discussions « est de transformer de vagues possibilités d'illu-*

---

1. Traduit et publié à la librairie des sciences psychologiques.
2. Avis à ceux qui appelaient tout simplement D. Home un habile prestidigitateur.

« sion ou d'erreur, en certitudes nettes et précises.
« Les phénomènes produits par Home diffèrent tota-
« lement de la catégorie des soi-disant merveilles
« pouvant se produire au moyen de meubles machi-
« nés ou d'habiletés d'escamotage.

« D'après mes études scientifiques, ajoute Croo-
« kes, je puis affirmer qu'il n'y a aucune raison *à
« priori* pour nier la réalité des phénomènes que
« j'ai décrits. Ceux qui prétendent que nous con-
« naissons actuellement toutes les forces actives de
« l'Univers, ou même la plus grande partie de ces
« forces, montrent une étroitesse de vues qui devrait
« être impossible dans un siècle, où l'accroissement
« incessant de nos connaissances ne fait que mieux
« ressortir le cercle immense de notre ignorance
« sur tant de choses. »

Comme on le voit, rien n'est plus net que les affirmations nouvelles de W. Crookes, au sujet de ses opinions qui étonnèrent le monde scientifique de 1870 à 1874. *Ce qu'il croyait, il le croit encore.* Sa lettre à Paul Marin, publiée dans *l'Initiation* (1892), en est encore une preuve, et de plus W. Crookes m'a fait l'honneur de m'écrire aussi une lettre très importante qu'on trouvera au chapitre des matérialisations.

On a rendu un vrai service aux spiritualistes en essayant d'expliquer les phénomènes psychiques au moyen de la prestidigitation. Il n'y a que les personnes à préjugés indéracinables qui peuvent encore se tromper à ce sujet, et feindre de ne pas voir les différences intrinsèques et radicales qui existent entre le phénomène réel et celui qui est imité.

Les onzes séances que W. Crookes s'est décidé à

publier en 1889 diffèrent peu de celles qu'on trouvera dans le livre dont j'ai déjà parlé. Elles ont toutes eu lieu chez M. Crookes ou chez Miss Douglas, une amie de sa famille ; Home servant de médium. Parmi les principales expériences, on peut citer : l'augmentation ou la diminution du poids d'une table à volonté.

Dans une des séances, Madame W. Crookes tira son collier de corail et le déposa sur une table. Au bout d'un instant, le collier se remua et s'éleva en spirale.

Différentes fois, Crookes et ses amis virent des mains lumineuses.

A la séance du 22 mai 1871, Crookes constate que sa femme et lui ont senti une lourde main s'appuyer successivement sur leurs genoux. (*Les mains de Home étant sur la table et la pièce étant éclairée, toute supercherie était impossible.*) Quelques minutes après, la table s'éleva plusieurs fois en l'air, et au même moment diverses personnes prirent une bougie et examinèrent les pieds et les mains de Home pendant que la table s'élevait, et elles constatèrent que les trois pieds de la table étaient en l'air.

Lorsque ces expériences furent terminées, continue Crookes, nous vîmes un petit sofa se remuer tout d'un coup et venir à 6 pouces environ de Miss Douglas. La chaise de cette dernière se mit ensuite à se mouvoir, puis resta comme clouée au plancher. *M. Crookes essaya de la remuer, mais elle résista à tous ses efforts.*

En 1892, il y eut à Milan des séances célèbres

où les mêmes phénomènes se produisirent. Neuf savants ont expérimenté avec un médium italien, Eusapia Paladino [1], et ces résultats nouveaux ont dérouté de plus belle le monde scientifique. Le phénomène de lévitation d'une table se produisit comme chez Crookes, et, circonstance encore plus convaincante, *on put photographier la table au moment où elle resta en l'air pendant plusieurs secondes*. Sur l'une des photographies on voit le docteur Ch. Richet qui tient une main, les genoux et un pied du médium, dont le professeur C. Lombroso tient l'autre main.

Une fois, on observa que la plus lourde des chaises (10 kil.), qui se trouvait à 1 mètre de la table et derrière le médium, s'approcha de M. Schiaparelli [2] qui se leva pour la remettre en place ; mais à peine s'était-il assis de nouveau, que la chaise s'avança une seconde fois vers lui. On remarquera l'analogie de ce phénomène avec celui obtenu chez Miss Douglas. C'est ce qu'on nomme « *mouvements d'objets sans contact* ».

Quand une table est soulevée en l'air ou qu'un médium l'est aussi, on appelle cela *lévitation*. L'explication la plus curieuse de ce phénomène est celle donnée par les *Yoguis* de l'Inde. D'après eux, la gravitation dépend de la différence entre la polarité électrique ou magnétique, et ils affirment que

---

1. On fera bien de lire le rapport sur ces séances, publié dans les *Annales psychiques*, numéro de janvier 1893.

2. Les savants présents à Milan étaient Schiaparelli l'astronome, les professeurs Brofferio et Gerosa, les docteurs Emacora et Finzi, Aksakoff (conseiller d'Etat de Russie), le docteur Carl du Prel de Munich, les docteurs Charles Richet et César Lombroso.

le corps humain a une polarité différente de celle de la terre, de sorte qu'elles peuvent s'annuler dans certains cas. C'est-à-dire que si la terre et le corps arrivent au même état de polarité, le corps devient libre de s'élever dans l'air. En tous cas, ce qui me semble certain, c'est que la force psychique annule ou neutralise souvent la loi de gravitation.

Un autre témoignage, non moins curieux est celui de l'abbé de Meissas, docteur en théologie. Voici ce qu'il disait dans un article du *Figaro* :

« Des tables se sont soulevées sous mes yeux,
« *alors que toutes les mains venaient de s'en écar-*
« *ter*. J'en ai vu une s'avancer soudain d'au moins
« 25 centimètres, *sans aucun contact*. Les conditions
« de l'expérience excluaient la possibilité de toute
« supercherie. D'ailleurs, ces faits sont attestés par
« tant de personnes sérieuses et d'un esprit cri-
« tique tel, que je les considère comme absolument
« démontrés. La science officielle méconnaît ces
« faits ce qui dispense de les expliquer. Tournons-
« nous donc vers la science des chercheurs, cette
« science d'avant-garde, dont le métier est d'empor-
« ter de siècle en siècle les barricades de la science
« officielle sur la voie du progrès.

« Mais les phénomènes psychiques ? Suffira-t-il
« aussi de l'étude des forces magnétiques pour les
« expliquer ? La table qui parle (par coups) sert
« évidemment d'organe à une intelligence. Quelle
« est-elle ? Grand problème dont la solution four-
« nira, je vous en réponds, des lumières bien inat-
« tendues à la physiologie et à la psychologie.

« Certaines personnes ont dit : c'est un démon
« qui parle. Je montrerais au besoin la faiblesse du

« raisonnement qui les mène à cette conclusion.
« Non, ce n'est pas si loin qu'il faut aller chercher.
« Je regarde comme beaucoup plus probable, que
« *tout au moins dans les cas ordinaires*, il n'y a
« pas d'autres esprits en jeu que ceux du médium
« et des assistants. La table ne fait donc, selon toute
« apparence, que servir d'organe à un phénomène
« psychique, dont le sujet est l'un des assistants. »

Même dans *les cas ordinaires*, la théorie de l'abbé de Meissas (suggérée par Eugène Nus, il y a bien longtemps) est en contradiction complète avec les nombreux expérimentateurs que je citerai, entre autres R. Hare, W. Crookes, C. Varley, Stainton Moses, F.-H. Myers, E. Coues, Hellenbach, Aksakoff, Brofferio, etc. *Ces derniers diffèrent d'appréciations sur la qualité réelle de ces intelligences qui se manifestent, mais tous les reconnaissent comme étant en dehors de l'être humain.*

A plus forte raison dans les *cas extraordinaires*, comme ceux de l'écriture automatique ou directe, des apports, des matérialisations, etc.; mais de ceux-ci l'abbé dit qu'il n'en a vu aucun, preuve qu'il n'a jamais eu affaire à un médium puissant.

L'abbé de Meissas en sait, je crois, beaucoup plus long qu'il ne veut en dire; mais ce qu'il a écrit dénote un certain courage, surtout dans sa position, et il y aurait mauvaise grâce à lui en demander plus.

M. Lemerle, ancien élève de l'École polytechnique, a publié, dans *l'Initiation* de mars 1893, une série d'expériences qui corroborent entièrement celles que je viens de citer. *En plein jour*, un guéridon très lourd, en chêne massif, se souleva à 7 ou

8 centimètres du sol, les mains des médiums étant à 10 centimètres au-dessus du guéridon. Une table fut non pas soulevée, mais projetée en l'air. Des mouvements de menus objets *sans contact* ont été observés, dit M. Lemerle, dans les mêmes excellentes conditions. Il n'y a eu contact d'aucune sorte, ni des mains, ni du corps des médiums, ni des jambes, ni des pieds.

Cromwell Varley, l'ingénieur électricien qui a eu l'initiative du câble transatlantique, a fait des expériences du même genre. « J'ai vu souvent, dit-il, une table se remuer lorsque personne ne la touchait, et encore plus souvent des tables ou autres objets soulevés du sol. La plupart de ces expériences ont eu lieu *en plein jour ou en pleine lumière*. Nous avons, ajoute-t-il, des preuves écrasantes de ces phénomènes, et il serait puéril de les nier. »

Un romancier anglais, Hamilton Aïdé, eut avec D. Home une séance particulière à laquelle assistait Alphonse Karr (un homme très spirituel, mais un des plus entêtés et des plus sceptiques de France, dit Aïdé). La séance eut lieu, aux environs de Nice, dans une villa dont le salon était brillamment éclairé. Une grande lampe était placée sur une table si lourde qu'Aïdé ne pût la soulever que légèrement avec ses deux mains. Ce qui stupéfia Aïdé et les autres assistants, la plupart très sceptiques, c'est de voir un lourd fauteuil placé au bout du salon se mettre à circuler, et un autre meuble suivre le mouvement. Puis la grosse table se souleva en l'air, à la distance de 3 ou 4 pieds du plancher. *Alphonse Karr se glissa sous la table, et quand il eut bien observé et regardé, la table redescendit lentement.* Aïdé avoue que lui et ses compagnons furent entièrement abasourdis, car il était, dit-il, *matériellement impossible de produire ce résultat par fraude.* Alphonse Karr, qui alla voir le lendemain le romancier anglais, lui avoua qu'il était complètement dérouté et semblait très vexé d'être obligé d'en convenir. H. Aïdé était aussi sceptique que la plupart des assistants, aussi ce phénomène est-il resté pour lui un problème insoluble.

Le docteur Ochorowicz, si célèbre par son livre sur *La Suggestion mentale,* a eu, lui aussi, des séances particulières avec Eusapia Paladino. Ces séances eurent lieu à Rome chez le peintre Siamiradski (un ami du docteur) et elles furent encore plus étonnantes que celles de Milan.

Le récit en a été publié dans un journal de Varsovie par le docteur Ochorowicz, qui attribue une grande importance à tous ces phénomènes dont il garantit la réalité. Il croit à une renaissance de la science *et reste nettement convaincu que l'homme ne finit pas à la surface de son corps.*

Le docteur Hans Bartle a raconté, dans le *Berliner Tagblatt* du 21 décembre 1891, ses deux séances particulières avec Eusapia, *en pleine lumière.* Les mains du médium étaient fermement tenues, et MM. Fiori et Hirsch avaient leurs pieds sur ceux du médium. Malgré tout, les phénomènes les plus étranges se produisirent et émerveillèrent le docteur.

Un professeur espagnol, Manuel Otero Acevedo, a eu (avec le même médium) plusieurs séances à Naples en 1890. Étaient présents les professeurs de

Cintus et Camano et un homme de lettres. Les séances eurent lieu dans une chambre de l'hôtel habité par l'espagnol, *aussi était-il sûr que rien n'avait été préparé*. On tint les pieds et les mains du médium, qui aussitôt tomba en léthargie, puis s'éleva en l'air, de façon que l'on pût passer les mains entre les pieds et le plancher. Ensuite le médium ayant été étendu horizontalement, un oreiller fut tout d'un coup transporté et placé sous la tête du médium, sans contact d'aucune main humaine. Le professeur couvrit avec un mouchoir un vase plein d'argile et défia les intelligences invisibles de produire sur cet argile l'impression de trois doigts. A son cruel étonnement le résultat fut obtenu, et le professeur quitta Naples convaincu de la réalité des phénomènes.

Pour donner une idée des mouvements d'objets sans contact, je ne connais rien de plus frappant que le récit du comte de Larmandie [1] au sujet des phénomènes qui se sont produits au château de la Sudrie (propriété de la famille). Ces faits ont eu pour témoins quatorze personnes de la famille du comte et de sa domesticité. Entre autres choses, un morceau de bois formant l'extrémité d'une vieille allonge, qui gisait dans l'angle d'une chambre, vint tomber aux pieds du comte et de sa sœur, *après avoir frappé le plafond*. A plusieurs reprises, le bout d'allonge bondit et alla cogner la porte, le parquet, les murailles.

---

1. On trouvera tous les détails dans le curieux petit livre de M. de Larmandie, *Eoraka* (à la librairie du merveilleux).

La sœur du comte, très effrayée, eut recours aux prières et à l'eau bénite, mais le morceau de bois continua ses évolutions. Ensuite, une petite sonnette hors de service et *privée de son battant* rendit une série de tintements multipliés, puis s'abattit sur le parquet.

Le père du comte, qui l'avait traité de farceur, vint le lendemain soir avec toute la famille dans la chambre hantée. Au bout de quelques instants, les mêmes phénomènes se renouvelèrent avec plus de force encore que la veille. Peu à peu les phénomènes vinrent à se produire en plein jour, ce qui rendit l'observation plus facile, et le contrôle plus sincère aux yeux des incrédules.

En 1870, les phénomènes recommencèrent avec un caractère encore plus étrange. Un bâton de cire à frotter, qui se trouvait au sommet de l'escalier, descendit bruyamment du haut en bas. Quand le comte ou ses sœurs allaient aux appartements hantés, ils étaient précédés par une pluie de petites pierres, ne pouvant venir des plafonds qui étaient en bon état et nullement lézardés.

« Ce qui donne du prix à mes récits, dit le comte, « ce sont les sources immédiates de mes véridiques « narrations. » En effet, on peut avoir parfaitement confiance dans la bonne foi du comte. Quant à supposer que quatorze personnes ont été hallucinées pendant trois mois et jamais après, ce serait enfantin.

Pour terminer ce chapitre, je donnerai quelques-uns des témoignages de savants, de professeurs, de docteurs de tous les pays. Tous, après avoir été plus ou moins sceptiques, ont fini par se rendre à l'évidence.

On dit souvent que les personnes instruites ou les hommes de science ne se trouvent jamais dans les rangs de ceux qui attestent la réalité des phénomènes psychiques. C'est peut-être vrai pour tous les gens instruits à l'école matérialiste, mais pas pour les autres.

Tous ceux que je vais nommer (après une investigation personnelle), se sont assurés de la réalité des phénomènes. Tous ne se disent pas spiritualistes, mais tous ont affirmé la véracité de ces faits.

En Angleterre, on peut citer les professeurs de Morgan, W. Gregory, les docteurs Robert Chambers, Lockhart-Robertson, le professeur Oliver Lodge (de la Société royale de Londres [1]). Voici ce que dit ce dernier : « La barrière qui sépare les « deux mondes (spirituel et matériel) peut tomber « graduellement, comme beaucoup d'autres barriè- « res, et nous arriverons à une perception plus « élevée de l'unité de la Nature. Les choses possi- « bles dans l'univers sont aussi infinies que son éten- « due. Ce que nous savons n'est rien comparé à ce « qu'il nous reste à savoir. *Si nous nous conten-* « *tons du demi-terrain conquis actuellement, nous* « *trahissons les droits les plus élevés de la* « *science.* »

Le professeur W. O. Barret (de Dublin, ex-président de la Société des recherches psychiques de Londres) a dit aussi : « Je crains que les phénomènes « spiritualistes (ou psychiques) ne puissent être dé- « montrés par les pures méthodes physiques d'inves-

---

1. L'équivalent de notre académie des sciences.

« ligation, mais le temps approche où ils seront
« acceptés comme partie intégrale du monde double
« de matière et d'intelligence où nous vivons. Dans
« ce cas la pensée humaine aura progressé d'une
« façon immense, et la déplorable disposition d'es-
« prit matérialiste, qui règne à présent, fera place
« à une attitude moins orgueilleuse par rapport
« aux choses de l'Infini. »

M. Chalis, professeur d'astronomie de Cambridge, Alfred Russel Wallace (l'émule de Darwin), William Crookes (un des chimistes et des savants les plus célèbres de l'Angleterre), F. H. Myers (un des plus brillants professeurs de Cambridge).

En Allemagne et Autriche, les philosophes et écrivains J. A. Fichte, le baron Hellenbach, le professeur Zoelner, le docteur Carl du Prel (de Munich), le docteur Ciriax.

En Suisse, le professeur Perty (de Berne).

En Suède, les docteurs Tarnebœm et Esland (de l'université de Stockholm). Voici ce qu'ils disent : « Il
« n'y a que ceux qui n'ont pas examiné les phéno-
« mènes psychiques qui les nient, mais une pro-
« fonde étude peut seule les expliquer. Nous ne
« savons pas où peut nous mener la découverte
« des causes de ces manifestations, quelquefois vul-
« gaires; ni de quelles sphères de la Nature elle
« peut nous ouvrir la voie, mais qu'elle doive nous
« apporter des résultats importants nous semble
« découler de l'histoire de tous les temps. »

En Russie, Aksakoff, le professeur Boutlerow, M. de Bodisco, le docteur Ochorowicz. Ce dernier a fait dans une revue polonaise un aveu très net et qui l'honore par sa franchise : « Quand je me sou-

« viens qu'à une certaine époque, je m'étonnais du
« courage de W. Crookes à soutenir la réalité des
« phénomènes médianimiques ; quand je réfléchis
« surtout que j'ai lu ses ouvrages avec le sourire
« stupide qui éclairait la figure de ses collègues au
« seul énoncé de ces choses-là, je rougis de honte
« pour moi-même et pour les autres. »

En Italie, tous les savants italiens qui ont assisté aux expériences de Milan, entre autres le célèbre C. Lombroso qui, lui aussi, a eu le courage de faire amende honorable en ces termes : « Après avoir
« vu repousser par certains savants des faits
« comme ceux de la transmission de la pensée et du
« transfert des sens, que j'avais constatés *de visu*,
« j'ai pensé que mon scepticisme pour les phéno-
« mènes spiritiques était de même nature que
« celui d'autres savants pour les phénomènes
« hypnotiques.

« Étudions et gardons-nous de cette erreur qui
« consiste à croire que tous les médiums sont
« des simulateurs *et nous seuls des savants*, tandis
« que... hélas ! cette prétention pourrait justement
« nous entraîner dans l'erreur.

« Le soupçon d'une tromperie toujours très naturel
« pour tout le monde, et surtout chez les âmes vul-
« gaires, constitue l'explication la plus simple, la
« plus aisée pour tous, et nous épargne la fatigue de
« penser et d'étudier. »

Il faut donc rendre justice à Lombroso ; mais les explications qu'il a données des phénomènes ont le grand tort de ne rien expliquer du tout. Voici ce qu'on disait à ce sujet dans *l'Éclair* en avril 1892 :
« L'excursion du Dr Lombroso témoigne d'un cou-

« rage et d'une sincérité louables, mais elle est abso-
« lument insuffisante. Que nous sommes loin de
« Crookes et loin de Rochas ! »

En Amérique. Je pourrais citer bien des noms [1], mais je donnerai seulement l'opinion du révérend Minot Savage (président de la Société des recherches psychiques des États-Unis) : « J'affirme que les divers
« phénomènes dont j'ai parlé (dans son livre) sont
« vrais et nullement le résultat de trucs ou de la
« fraude. Quand, d'une façon indiscutable, des objets
« se remuent sans action musculaire et que des ins-
« truments jouent sans contact, je ne vois aucune
« espèce d'explication autre que l'action d'une intel-
« ligence invisible. »

En France. Camille Flammarion, le Dr Paul Gibier et beaucoup d'autres, se sont déclarés nettement en faveur des phénomènes. Le docteur Dariex, qui dirige avec talent *les Annales psychiques*, est plus réservé, ainsi que le docteur Charles Richet, mais leur position le leur commande. M. C. Richet reconnaît la réalité des phénomènes, mais voici ce qu'il a dit après avoir assisté aux séances de Milan : « Si
« absurdes que soient les expériences faites avec
« Eusapia, il me parait bien difficile d'attribuer les
« phénomènes produits à une supercherie soit con-
« sciente, soit inconsciente, ou à une série de super-
« cheries. » C'est la démonstration par l'absurde,
Credo quia absurdum.

M. C. Richet, disait E. Gauthier dans *le Figaro*, est à peu près le seul de tous les savants classés (au

---

[1]. Entre autres le professeur Eliott Coues, dont j'aurai occasion de parler plusieurs fois.

moins en France) qui ose s'aventurer au seuil du mystère. En effet, dans son rapport sur ces expériences, M. Richet constate « *que ce n'est pas la première fois qu'il se sera trouvé en désaccord avec la majorité, voire même la presque unanimité de ses confrères* ». Il est donc tout naturel qu'il ait été prudent, pour ne pas se mettre à dos tous ses excellents confrères.

Les personnes qui ignorent ces phénomènes disent souvent que les médiums sont d'habiles prestidigitateurs. Il est donc bon de donner les propres aveux de ces derniers, aveux dépouillés d'artifice et qui feront réfléchir les gens sans trop de préjugés enracinés.

En 1877, Samuel Bellachini, un célèbre prestidigitateur, a fait chez un notaire la déclaration suivante qu'il a signée devant témoins : « D'après le désir de « personnes haut placées, et dans mon intérêt per- « sonnel, j'ai étudié la médiumnité en plein jour et « le soir. Je certifie que ces phénomènes ont été « examinés par moi avec le plus grand soin, et « que je n'ai rien trouvé qui ressemblât, même « de loin, aux tours de prestidigitation. Dans les « conditions que j'ai vues et observées, c'était im- « possible. »

Le non moins célèbre prestidigitateur Jacob, écrivant à un journal en 1881, a dit ceci : « J'affirme « que les phénomènes médianimiques sont absolu- « ment vrais et d'un ordre intellectuel. MM. Robin « et Robert-Houdin, en essayant d'imiter ces faits, « n'ont jamais pu présenter au public que d'enfan- « tines et grotesques parodies de ces phénomènes;

« et il n'y a que les entêtés ou les ignorants qui
« peuvent considérer la chose autrement [1]. »

Dans diverses capitales, certains prestidigitateurs ont essayé aussi d'imiter les phénomènes, mais leurs résultats ont été non moins enfantins que ceux signalés par M. Jacob. L'un d'entre eux, pour exhiber ses pseudo-phénomènes dans une maison particulière, écrivit qu'il lui fallait *deux grands colis du poids de 4,000 livres!!*

La vérité, c'est qu'un prestidigitateur a besoin d'un théâtre machiné, ou d'appareils préparés et même de compères, tandis que le médium n'apporte rien que sa personne et ses dons psychiques.

De plus, le prestidigitateur ne rate jamais ses imitations de phénomènes, tandis que le médium ignore toujours si les manifestations auront lieu ou non.

Quant aux prestidigitateurs qui gagnent leur vie en exhibant leurs tours plus ou moins ingénieux, ce sont des gens beaucoup trop intéressés pour donner un avis impartial. On ne trouve sous leur plume que les banalités courantes sur les faits psychiques, car, pour les besoins du métier, ils les confondent toujours avec leurs escamotages.

---

[1]. Un célèbre prestidigitateur anglais, M. Kellar, a écrit ceci : « Au sujet des manifestations que j'ai vues, je déclare que je suis incapable d'expliquer quelle est la force intelligente qui agit, force complètement en dehors des trucs et des escamotages. Après avoir examiné strictement et de toutes les façons ces étonnantes expériences, j'affirme qu'il n'y a là rien de ce qui ressemble à la prestidigitation, sous n'importe quelle forme. Les trucs habituels aux prestidigitateurs étaient impossibles dans la chambre où nous étions (chez lord W. B.). »

Autrefois les savants n'avaient jamais cherché à savoir si ces phénomènes étaient du domaine naturel, quoique inconnu, ils les condamnaient comme surnaturels ou les traitaient d'objets sans conséquence.

Actuellement, beaucoup de savants se sont occupés de ces phénomènes et les ont étudiés avec soin, aussi les nombreux faits réunis par moi, formeront je pense, un ensemble qui donnera à réfléchir, et surtout à chercher sans parti-pris.

Humphrey Davy a dit que « *les faits sont plus utiles quand ils contredisent les théories reçues, que lorsqu'ils les appuient* ».

Espérons que ces dernières paroles seront entendues et que les savants matérialistes ne continueront pas à prendre leurs théories falotes pour des lanternes.

Maintenant qu'on a vu les opinions des savants et des gens sérieux, je vais passer en revue les détracteurs pour rire.

CHAPITRE II

PSYCHOLOGIE DES INCRÉDULES.

Les sceptiques.

Les sceptiques sont presque toujours, ou des gens très malins et ils ne s'en cachent pas; ou des individus tellement savants qu'ils s'imaginent que rien ne peut dépasser leur science. Accrochés à leurs théories, ils n'en veulent pas démordre; à cheval sur leurs thèses, ils dédaignent d'en descendre et se drapent majestueusement dans ce qu'ils appellent la science officielle.

Avec eux on perd son temps et sa logique, car à toutes les preuves qu'on leur fournit, ils répondent: c'est impossible! Qu'une notabilité scientifique ou autre affirme à un sceptique que, dans des conditions de rigoureuse observation (le médium étant tenu par les bras et les pieds), il a vu une chaise ou tout autre objet se mouvoir sans contact — « Vous avez bien vu, dira le sceptique d'un air fin? Très bien vu? L'essentiel, répondra alors le sceptique, c'est qu'on nous amène le médium, et que nous, à notre tour, nous voyions bien. » Le sceptique a toujours la prétention de mieux voir que les autres.

Si ce qu'il demande lui était accordé, ou le phénomène se produirait, et alors il l'expliquerait de la façon la plus simple, par l'hallucination ; ou bien, le phénomène ne pouvant se produire pour une cause ou une autre (comme cela arrive souvent), le sceptique triompherait et traiterait le médium de charlatan.

De toutes les façons, le sceptique ne sera réellement convaincu que d'une chose, c'est qu'on a voulu se moquer de lui ; et peut-être même cet intéressant incrédule en gardera-t-il rancune à celui qui aura voulu l'opérer de la cataracte matérialiste.

Ainsi que l'écrivait à ce sujet Florence MARRYAT, fille du capitaine et romancier anglais si connu, et femme de lettres elle-même : « Il y a deux catégories de gens qui ont fait plus de mal à la cause du spiritualisme que le témoignage de beaucoup d'hommes de science ne lui ont fait de bien : ce sont les enthousiastes et les sceptiques. Les premiers croient à tout ce qu'ils voient ou entendent, sans se donner la peine d'obtenir des preuves de la réalité des phénomènes ; ils vont de maison en maison, racontant leurs expériences avec tant de naïveté, qu'ils les font paraître absurdes à tout le monde. Ils croient à tout ce que disent les esprits, comme si c'étaient des demi-dieux, au lieu d'être, comme dans la majorité des cas, des esprits d'une nature souvent moins élevée que la nôtre, et qui n'ont pu monter au-delà de la sphère terrestre. »

C'est cette catégorie de spiritualistes que les journaux satiriques ont essayé de ridiculiser, et peut-être ont-ils eu raison.

Entre autres histoires, le *Punch* parlait d'une

veuve *inconsolable* qu'un médium avait mise en communication avec feu son époux.

— John, êtes-vous heureux ? murmurait-elle.

— Oh! oui, bien plus heureux que sur la terre, quand je vivais avec vous.

— Alors, vous devez être dans le Paradis ?

— Hélas non... au contraire!

Bien dur ce mari pour sa pauvre veuve !

La seconde catégorie dont parle Fl. Marryat, se compose des purs sceptiques.

« Ils n'ont, dit-elle, pas fait autant de mal que les naïfs, parce que, règle générale, ils sont si endurcis ou ont l'intelligence si étroite qu'ils dépassent le but et enlèvent toute valeur à leurs opinions.

« Le sceptique nie tout, parce qu'une seule fois peut-être il aura constaté une fraude. Si un médium trompe, tous les médiums doivent tromper. Si une expérience ne réussit pas, toutes doivent manquer. S'il ne peut pas obtenir une preuve d'identité des esprits, personne ne pourra en avoir après lui.

« Un sceptique entend que son témoignage soit accepté et cru, mais il ne croira jamais au témoignage des autres. Quand il vient voir une expérience psychique, c'est toujours avec l'arrière-pensée de *découvrir le truc*. Toute son intelligence est concentrée sur ce résultat merveilleux, et si le truc ne se produit pas, le sceptique se considère comme trompé. Son siège est toujours fait d'avance, et, sans avoir rien expérimenté, il est sûr de ce qui va arriver. »

Les sceptiques sont tellement convaincus de leur infaillibilité, qu'ils doutent même du témoignage de leurs propres sens.

Une fois, Fl. Marryat demanda à son ami le docteur H*** ce qu'il penserait s'il voyait des expériences concluantes, et elle fut stupéfaite de lui entendre dire qu'il n'en croirait pas ses yeux et ses oreilles. Pourtant, répondit-elle, vous ne pouvez savoir que j'existe qu'en me voyant, me touchant et en m'entendant. Pourquoi vos sens ne vous tromperaient-ils pas en ce moment, comme dans une expérience psychique. A cet argument net et précis (on pourrait dire *ad hominem*), le docteur H*** ne répondit que par un sourire dédaigneux signifiant sans doute, dit Fl. Marryat, qu'il la trouvait trop faible d'esprit pour être digne d'une discussion ; mais en réalité le bon docteur ne savait que répondre.

La vérité est qu'au fond, le docteur H***, comme beaucoup d'autres savants, *ne désirait pas être convaincu*. Un jour il l'avoua même franchement en ces termes : « *Si je croyais à la réalité de ces phénomènes, cela renverserait toutes les théories sur lesquelles ma science est basée.* »

C'est le modèle du sceptique scientifique. Il ne veut changer ni ses théories ni ses habitudes, parce que ça le gêne, et qu'il trouve bien plus commode de nier tout.

Quand on parle à un sceptique des phénomènes psychiques, il prend aussitôt un air gouailleur. Lorsque vous lui êtes sympathique, il vous demande avec commisération : « Comment pouvez-vous croire à ces choses-là ? » Si le sceptique est du genre prud'homme, il emploie le mot futilité ou niaiserie. Si le sceptique est mal disposé, il vous appellera spirite, ce qui est la dernière des injures.

La Rochefoucauld visait évidemment les sceptiques d'un certain genre, lorsqu'il a dit : « Les intelligences médiocres condamnent d'ordinaire tout ce qui passe leur portée. »

Le sceptique scientifique le prend généralement de très haut. Quand il daigne un instant parler de ces phénomènes, il ne fait que les mentionner, car ces faits vulgaires, dit-il, ne valent pas la peine qu'on y insiste. Si certains d'entre eux condescendent à s'occuper de ces choses-là, ils le font généralement de très mauvaise grâce ou vous débitent toutes les banalités habituelles à ce sujet.

Un sceptique philosophe a fait une fois un long article, où il confondait les choses psychiques les plus élémentaires. C'est *le philosophe sans le savoir...* occulte.

Il y a encore le genre de sceptique qui déclare qu'il ne connaît pas le truc, mais qu'il y a sûrement un truc, et il se livre alors à des plaisanteries dont la légèreté donne une idée très nette d'un éléphant marchant entre des œufs.

Un autre type de sceptique est le beau parleur de salon ou de cercle. Il tonne contre l'infinie crédulité des hommes ou contre le pseudo-mysticisme qui, dit-il, nous rend la proie des médiums et des somnambules. Ainsi pérore le beau parleur, qui généralement ne sait pas le premier mot des choses psychiques et en bavarde à tort et à travers, comme un aveugle des couleurs. Rien n'est amusant comme de l'entendre parler des phénomènes *dont pas un ne lui paraît établi*. Si, parmi tous ces faits, un seul était bien prouvé, s'écrie-t-il avec désespoir, je me rendrais... mais ce seul fait, on ne le trouve pas.

Je renvoie cette catégorie d'incrédules au numéro

de février 1893 des *Annales psychiques*, ils y trouveront non pas un seul fait, l'unique, l'incomparable, mais *de nombreux faits* attestés dans un procès-verbal signé d'autant de savants, sains de corps et d'esprit, qu'on peut raisonnablement le désirer. Malgré toutes les preuves possibles, je suis bien certain d'avance, qu'en lisant ce rapport, les sceptiques y trouveront des objections à chaque instant.

A entendre certains sceptiques, pour peu qu'on élague les causes d'hallucination ou de tromperie, les phénomènes ne se produisent plus. C'est parfaitement inexact. Les phénomènes ne se produisent que sous certaines conditions magnétiques et atmosphériques, bien connues des expérimentateurs sérieux, mais parfaitement inconnues des ignorants.

L'ombre est nécessaire à ces manifestations, disent ironiquement les sceptiques. La lumière empêche tout, et il faut proscrire les lampes, si on veut être éclairé. Autre inexactitude. Les phénomènes psychiques les plus simples (coups frappés), comme les plus extraordinaires (mouvements d'objets sans contact, écriture directe), peuvent se produire en pleine lumière et même en plein jour. Les expériences de M. Lemerle et de bien d'autres en sont des preuves ; moi-même, j'en ai eu d'indéniables, dans des conditions aussi claires que possible.

Les gens bien équilibrés.

Rien n'est plus gai que l'aplomb des gens se disant bien équilibrés. Pour eux, il n'y a pas de phénomêmes, il n'y a qu'une catégorie de naïfs dont ils s'excluent modestement. Tout individu se livrant aux expériences psychiques, est un échappé de Charenton ou un aspirant à la Salpêtrière. Du moment que l'on sort un peu des idées courantes ou vulgaires, on ne compte plus et on est un déséquilibré.

Leur commisération pour les psychistes est vraiment touchante, elle provient, d'ailleurs, d'une certaine fierté naturelle aux gens ignorant ces phénomènes, car ils se croient bien supérieurs à ce qu'ils appellent de l'habile prestidigitation.

L'homme bien équilibré pense avoir le cerveau infiniment plus sain que celui de ces infortunés psychistes qui croient à des chimères.

Tous ceux, disent-ils, qui se plaisent dans les hypothèses du soi-disant surnaturel, ou se plongent dans cette théorie à perte de vue de la continuation de la vie après la mort, révèlent des cerveaux mal équilibrés, dont les fonctions sont atrophiées. Ainsi parlent les derniers élèves de l'école matérialiste ou positiviste. Entre eux, ils peuvent encore se faire illusion, mais d'ici vingt ou trente ans, leurs rangs, de plus en plus éclaircis, finiront dans le néant qui leur est si cher. D'ici un siècle, ou peut-être deux au plus, les matérialistes seront étudiés comme des fossiles, disait le président de la Société des recherches psychiques des États-Unis.

Autrefois, l'homme bien équilibré attribuait les pouvoirs dit surnaturels (et qui ne sont que supernaturels ou anormaux, chose bien différente) aux magiciens noirs, blancs ou gris, et aux sorciers de tous genres. De nos jours, on a traité de charlatans les gens qui guérissaient au moyen du magnétisme, non parce qu'ils opéraient des cures merveilleuses, mais par suite de leur manque de diplôme.

Ainsi que l'a écrit un grand philosophe autrichien, le baron Hellenbach : « Seul, l'homme de la
« science officielle a le droit, de par sa capacité où
« son incapacité, d'envoyer ses clients dans un
« monde meilleur, sans être poursuivi comme
« d'abus. Il y a des hommes qui vivent dans cette
« opinion erronée qu'ils savent et devinent tout,
« aussi ce qu'ils ne comprennent pas du premier
« coup est déclaré par eux impossible ; et tous les
« faits du même genre sont considérés comme d'abo-
« minables duperies. Ce genre de savants oublie
« toujours, ou très probablement ignore ce que
« disait un mathématicien du nom de Gauss : *Si on
« jette un livre à la tête de quelqu'un et si on entend
« un son creux..., il n'en faut pas conclure qu'il
« provient du livre, mais plutôt de la tête parce
« qu'elle est creuse.* Aussi, on trouve nombre de
« gens qui ne comprenant rien du tout, ont un
« penchant naturel pour l'incompréhensible, du
« moins à leur point de vue. Ils éprouvent une
« grande satisfaction de ce que, ne pouvant nier les
« faits, d'autres malgré tout leur latin sont incapa-
« bles d'expliquer ces phénomènes d'une façon natu-
« relle. » Le baron Hellenbach, comme on le voit, ne mâche pas les mots et mange le morceau ; il a écrit beaucoup de livres philosophiques d'un grand intérêt, et quelques-uns sont consacrés aux phénomènes psychiques.

Les pseudo-scientifiques.

« Il y a, dit Oxon (Stainton Moses, professeur
« d'Oxford [1], mort en 1892), divers genres d'oppo-
« sants aux phénomènes psychiques. Parmi les plus
« curieux se trouvent surtout les pseudo-scienti-
« fiques qui regardent les médiums comme de vul-
« gaires coquins et les expérimentateurs comme de
« simples jobards; probablement parce que ces der-
« niers n'emploient pas les méthodes dites scienti-
« fiques qui, on le sait, sont infaillibles (quoique
« modifiées continuellement). Les pseudo-scienti-
« fiques nous font profiter de longs discours sur les
« lois de la nature qu'ils prétendent connaître à
« fond. »

On peut encore classer dans cette catégorie ceux qui sachant un peu de chimie ou de physique se chargent de vous expliquer les phénomènes de la façon la plus simple du monde.

Voici ce que dit W. Crookes du pseudo-savant :
« Le pseudo-savant fait profession de tout connaître.
« Nul calcul ne trouble sa sérénité; nulle expérience
« n'est difficile. Pas de lectures longues et labo-
« rieuses, pas de tentatives pénibles pour exprimer
« en langage clair ce qui élève l'esprit. Il parle avec
« volubilité de toutes les sciences, submergeant son
« auditeur sous les termes de *électro-biologie, psy-*
« *chologie, magnétisme animal...* etc., etc., véritable
« abus de mots qui montre plutôt l'ignorance que
« le savoir. »

1. Puis de Christ's College.

Les théoriciens.

Cette catégorie se compose de faiseurs de plans, ce sont les prétentieux du psychisme. Je ne parle pas évidemment des gens qui ont cherché et donné des explications pouvant être utiles, mais de ceux qui n'admettent pas qu'on discute leurs théories. Insinuez-leur délicatement que peut-être ne sont-ils pas au courant de ce dont ils parlent ; aussitôt ils prennent un air de dignité outragée, et vous expliquent très naturellement que si leurs théories étaient bien comprises, on les saisirait immédiatement.

Les théoriciens savent le fin du fin et le pourquoi du comment. Ils donnent des leçons à Dieu et lui prouvent d'une façon irréfutable, que son œuvre est pitoyable et qu'elle devrait être reprise sur de nouvelles bases, plus solides où plus scientifiques.

Dans toutes ces théories, il y a surtout de quoi rire et s'amuser en société.

Les ignorants.

C'est la pire espèce d'incrédules. Souvent même ils se vantent de l'être, et en profitent pour vous poser des questions saugrenues sur la terre et le ciel. Ils vous mettront au pied du mur à propos de Dieu et de la création, vous forceront à leur expliquer de quoi on s'occupe pendant l'éternité et ne seront satisfaits que si on leur fait la biographie de tous les habitants du ciel, y compris un plan topographique de cette localité.

Les ignorants vous demanderont pourquoi un médium est nécessaire dans les expériences psychiques; pourquoi chacun ne peut pas être son propre médium; pourquoi, enfin, le phénomène ne peut pas avoir lieu de telle ou telle façon, et ils vous expliquent comment tout devrait se passer.

La sottise humaine est incommensurable, et comme profondeur la mer ne peut lui être comparée, car dans certaines de ses parties on en trouve le fond, tandis que la bêtise humaine est insondable.

Les pédants et les prud'hommes.

Il y en a dans toutes les corporations littéraires, scientifiques ou autres. C'est la pire espèce de savants. Bouffis de leurs propres connaissances, ils planent au-dessus du vulgaire, car ils ont la science infuse. Ce sont les Trissotins du monde scientifique. Tous ceux qui ne pensent pas comme eux jouissent, disent-ils, de cervelles d'une solidité, d'un équilibre ou d'une qualité médiocres.

Les imbéciles.

Imbécile! substantif et adjectif des deux genres, dit le dictionnaire, qui ajoute cette remarque typique: *Faible d'esprit.* Jules Noriac, dans son livre de *La Bêtise humaine,* a écrit sur les imbéciles des appréciations tout à fait satisfaisantes (pas pour eux). Ceux qui voudraient avoir des renseignements sur cette intéressante catégorie de contribuables, pourront lire Noriac avec fruit, car lui était *fort d'esprit*.

L'imbécile est naturellement fier de son incrédulité et s'en fait le plus grand honneur.

Pourtant les imbéciles ont quelque raison d'être orgueilleux, car on dit dans les Évangiles : « Heureux les pauvres d'esprit, le royaume du ciel est à eux. »

Toute personne au courant des choses occultes sait parfaitement que ces paroles ont été prononcées au point de vue *exotérique* ou *symbolique*... pour être comprises du vulgaire. Le sens réel ou *ésotérique* (mot qui veut dire secret) n'en était révélé qu'aux disciples.

Autrement, si on prenait ces paroles au pied de la lettre, les infortunés riches d'esprit (quoique pauvres d'argent) n'auraient plus d'autre refuge que le purgatoire, car le ciel, dans une telle société, deviendrait bien vite un enfer.

Les imbéciles sont les gens les plus difficiles à satisfaire. Dans une séance psychique, ils critiquent les moindres choses, à *tort* généralement et *à travers* presque toujours. C'est la plaie des expériences, car ils trouvent tout mauvais ou douteux, et restent plus convaincus que jamais de leur supériorité.

Les Indifférents.

Ils forment l'énorme, l'immense majorité. Ce sont les gens très occupés, tous ceux qui luttent pour la vie... ou pour la fortune. Du matin au soir, ils travaillent d'arrache pied et n'ont pas une minute à eux. Ce monde-ci les absorbe tellement, qu'ils n'ont pas le temps de penser à l'autre. Beaucoup d'entre eux ont d'ailleurs des enfants, et les soucis de l'avenir les préoccupent autant que leurs propres affaires. Que ce soit un gros banquier ou un pauvre manœuvre, il vit au jour le jour : l'un craignant de gagner moins ou espérant de gagner plus, et l'autre ayant toujours peur de ne rien gagner. Tous ceux-là sont indifférents aux choses psychiques, et on ne peut guère s'en étonner. C'est la chasse à l'argent ou au morceau de pain.

Il y a aussi les égoïstes auxquels la survie est d'autant plus indifférente, que la vie seule leur semble intéressante. On pourrait encore étudier de nombreuses catégories d'indifférents, mais toutes aboutissent au même but.

En somme, les incrédules de toutes sortes représentent une quantité non négligeable; mais à mesure que les phénomènes psychiques seront mieux étudiés, le nombre de ces incrédules ira toujours en diminuant.

Passons maintenant à l'étude détaillée des phénomènes psychiques les plus curieux et les moins connus.

CHAPITRE III

ÉCRITURE AUTOMATIQUE ET ÉCRITURE DIRECTE.
OPINIONS DES PROFESSEURS
F.-H. MYERS ET ELLIOTT COUES.

Quand un médium tient un crayon posé sur un papier et qu'il sent sa main écrire sans action musculaire de sa part, c'est ce que les psychistes appellent de l'écriture automatique ou passive ; elle diffère presque toujours de l'écriture habituelle du médium.

Lorsqu'on obtient un message sans l'aide de la main du psychiste, soit sur du papier blanc, soit entre deux ardoises ficelées et cachetées, cela s'appelle psychographie (ou écriture directe).

Ce dernier phénomène est infiniment plus frappant que le premier, car on peut toujours supposer (et on n'y a pas manqué) que les idées du médium ou des assistants se réfléchissent dans le message écrit automatiquement.

Dans la psychographie, au contraire, le message étant toujours écrit directement sur un papier ou une ardoise, on ne peut l'expliquer que par l'action consciente d'une intelligence invisible, d'autant plus que le message est quelquefois écrit dans une langue ignorée du médium et des assistants. Il y a presque toujours *deux ou trois coups de frappés*, pour indiquer que l'opération est finie. Preuve évidente de la présence d'une intelligence autre que celle du médium ou des assistants. De plus, on ne voit pas toujours écrire le message.

Je vais maintenant passer en revue les opinions des expérimentateurs anglais, américains ou autres qui ont étudié ces curieux phénomènes. Commençons par F.-H. Myers, le brillant professeur de Cambridge et le *leader* de la Société des recherches psychiques de Londres. Voici ce qu'il dit de l'écriture automatique : « L'étude de nombreux cas de
« ce genre m'a convaincu graduellement que l'hy-
« pothèse la moins improbable vient de cette suppo-
« sition, *qu'une certaine influence sur les habitants
« de la terre peut être exercée par les person-
« nalités survivantes d'hommes décédés.*

« Ce qui m'a fortifié dans cette croyance, c'est
« l'étude de l'écriture automatique. J'ai observé que
« dans toutes les variétés de ce phénomène, le con-
« tenu des messages écrits paraît venir de trois
« sources différentes.

« La première de toutes est le cerveau de celui
« qui écrit ; tout ce qui y est entré quoique oublié
« peut en sortir.

« La seconde, c'est qu'il y a une petite propor-
« tion de messages paraissant télépathiques, c'est-
« à-dire indiquant des faits que l'automatiste ignore
« entièrement, mais qui sont connus de quelque
« personne vivante en relation avec lui ou assistant
« à la séance.

« La troisième, c'est qu'il reste un petit nombre de

« messages, *qu'il m'est impossible d'expliquer des
« deux façons précédentes*: messages qui contien-
« nent des faits *inconnus* de celui qui écrit et de ses
« amis ou parents vivants, mais *connus* de quelque
« personne décédée, quelquefois tout à fait étran-
« gère à l'être vivant qui écrit. Je ne puis dans ce
« cas échapper à la conviction que « si indirects que
« soient les renseignements, *ce ne peut être que la
« personnalité d'un mort qui produit de tels mes-
« sages.* »

Comme on le voit, le professeur F.-H. Myers croit, dans certains cas, à un rapport possible entre un être décédé et un vivant. Mais toutes les écritures automatiques ne doivent pas être attribuées à des désincarnés, comme le pensent trop facilement divers spirites qui n'ont pas eu connaissance de certains faits que je relaterai plus loin.

Notre personnalité humaine, au point de vue psychique, est aussi inconnue que l'était l'intérieur de l'Afrique il y a soixante ans, et c'est ce terrain de la personnalité psychique qu'a choisi la Société dont M. F.-H. Myers fait partie. On doit rendre justice à ce dernier pour l'habileté avec laquelle ce phénomène de l'écriture automatique, qui paraissait inadmissible aux savants, est mis en corrélation avec les faits reconnus et admis par la science exacte. Le professeur F.-H. Myers a écrit deux ou trois articles sur ce sujet dans les Bulletins de sa Société, et j'y renvoie ceux qui savent l'anglais. M. Myers est un homme prudent qui n'exige pas trop du premier coup; il écrit pour une classe d'individus peu au courant des phénomènes ou bardés de préjugés antiques et solennels, mais qui n'en sont que plus durs à déraciner. « Je crois aussi, ajoute M. F. Myers, « *qu'il y a des preuves éviden-* « *tes d'une sorte d'action ou d'influence exercée* « *par des personnalités survivantes de décédés.* On « trouve des traces de cette influence dans certains « messages écrits automatiquement, et qui nous « donnent des renseignements venant *de sources* « *inconnues du sub-conscient* ».

Par cette constatation, le professeur F.-H. Myers a fait un grand pas en avant, car il reconnaît que dans certains cas il y a une action incontestable de gens décédés sur des vivants. De plus, il constate aussi que le sub-conscient ou sous-conscience ne suffit pas pour expliquer tous les faits, comme se l'imaginent certains savants.

Dans les phénomènes d'écriture automatique et ceux d'écriture directe, je pense que la vérité est comme toujours entre les extrêmes ; c'est-à-dire entre ceux qui avouent la réalité des phénomènes, mais les rapportent plus ou moins à l'action de l'homme, et ceux qui, plus courageux, bravent les préjugés en croyant à l'intervention d'intelligences désincarnées et invisibles.

Malheureusement, nous sommes par rapport à ces intelligences invisibles, comme quelqu'un en face d'une personne masquée et entièrement couverte d'un domino. Nous ignorons absolument à qui nous avons affaire ; on nous voit et nous ne voyons pas (ou du moins, si nous apercevons les yeux d'une personne masquée, nous n'en sommes guère plus avancés). L'intelligence invisible sait qui nous sommes, et nous ne savons pas qui elle est. On peut nous tromper et se moquer de nous sans que nous puissions nous en apercevoir, du moins en général, car dans bien des cas on peut s'assurer de l'identité de l'intelligence présente. Néanmoins, j'engage les personnes qui ne font des expériences que pour s'amuser en société, à prendre leurs précautions, car la simple prudence nous indique qu'on doit être sur ses gardes avec des interlocuteurs invisibles.

Ce dont il faut surtout se méfier, c'est de croire à ces messages signés par l'esprit de Voltaire.... sans esprit, par celui de Jeanne d'Arc parlant comme une poissarde, ou par celui de Platon disant des gaudrioles.

Autant qu'il est possible de juger dans une question aussi délicate, on peut admettre que si les messages viennent de parents décédés ou de personnes amies, on a peu de chance d'être trompé.

Passons maintenant au professeur Elliott Coues, c'est un des plus remarquables hommes de science des États-Unis.

« Dans l'univers, dit-il, toute parcelle de matière obéit à la loi de gravité (ou à une loi particulière) qui tend à l'attirer vers le centre de la terre. Si donc vous notez un cas où une parcelle de matière (même pas plus grosse qu'une tête d'épingle) se meut dans un sens quelconque, prouvant qu'il y a une force ou un pouvoir contrariant ou annulant la loi de gravité, *vous avez passé le Rubicon qui sépare le matériel du spirituel.* »

Elliott Coues a été très longtemps un incrédule, et il a trouvé en Californie son chemin de Damas. Pendant son séjour dans l'ex pays de l'or, le professeur assista à plusieurs expériences qu'il décrit ainsi :

« Je parlerai d'abord de certains phénomènes qui peuvent paraître stupéfiants, car ils semblent contraires aux lois de la nature telles qu'elles sont formulées par la science moderne.

A moins de nier l'évidence de ses sens, *l'écriture directe produite sur des ardoises est un fait dont je suis prêt à affirmer la réalité, et cela sans réserves.*

« Si je dois accepter les conséquences logiques de ces faits, il me faut modifier mes idées au sujet des mouvements que la matière peut produire dans certaines circonstances.

« Je ne parle pas comme spiritualiste ou théoricien de n'importe quel genre, mais comme homme de science ayant fait des recherches sur les phénomènes psychiques.

« Pour l'écriture directe il y a eu souvent des fraudes commises, et c'est ce qui a laissé douter de ce genre de phénomène, mais pour les expériences faites devant moi, je puis déclarer que *j'ai vu en plein jour à quelques pouces de ma figure un morceau de crayon se lever et se mouvoir sans être touché par personne, puis se mettre à écrire de lui-même des sentences lisibles et intelligibles, qui faisaient supposer une direction intelligente.*

« De plus, ce phénomène a été observé en même temps que moi par d'autres personnes présentes, et dont la vue est aussi bonne que la mienne.

« Dans l'écriture automatique, au contraire, des mots sont tracés par un crayon tenu par une personne n'ayant pas conscience de ce qu'elle écrit. *Les deux expériences sont absolument dissemblables.*

« Je n'ai pas été entièrement convaincu que tous

les messages étaient écrits par une intelligence désincarnée ; mais, d'un autre côté, j'ai constaté des cas où j'ai obtenu communication de choses inconnues du médium et de moi-même. Des centaines de faits identiques m'ont été prouvés, et je reconnais que ma connaissance des sciences physiologiques et philosophiques ne me donne aucune explication de ces faits. *Je ne puis donc pour l'écriture directe admettre une autre théorie que celle d'une intelligence invisible.*

« Ou il faut nier le témoignage de mes sens, ou renoncer à toutes mes connaissances sur la gravitation, l'inertie, la force motrice et les autres attributs de la matière.

« *Je ne puis garder le silence sur de tels faits, car ce serait une lâcheté morale.* »

Elliott Coues est aussi crâne que W. Crookes dans ses affirmations, et cette preuve de courage scientifique leur fait grand honneur à tous deux.

Les expériences d'Elliott Coues ont eu lieu avec des médiums particuliers, ce qui donne encore plus de valeur à ses assertions.

* *

Comme exemples curieux de messages automatiques, je citerai trois faits frappants, dont le premier est raconté par le baron Hellenbach (un philosophe autrichien) dans son livre intitulé : *La naissance et la mort.*

Me trouvant à la campagne, je rendis visite à la baronne Adeline Vay (un médium qui s'occupait en ce moment de psycographie). Je lui demandai si elle pouvait obtenir une communication du baron Henikstein, récemment décédé. Je reçus une réponse tout à fait en rapport avec sa manière d'écrire et son tour d'esprit, et à mesure que le message était rédigé, *l'écriture ressemblait de plus en plus à celle de mon ami*. A la fin, le médium écrivit « *Dobru Noé* » un mot slave qui veut dire *bonjour*, et dont le baron se servait spécialement à mon égard. De plus, la signature était écrite de la façon abrégée qui était dans ses habitudes. *Le médium ne connaissait pas mon ami.*

Les deux autres cas ont été constatés par Hugh Junior Brown, un anglais d'Australie, dont la bonne foi et la probité sont bien connues à Melbourne.

Un jour, chez lui, on voulut essayer de l'écriture automatique. Deux personnes prirent un crayon, mais attendirent en vain. Alors on passa le papier et le crayon à la fille aînée de M. Brown, *âgée de onze ans*. A peine tenait-elle le crayon que sa main se mit à remuer, et elle s'écria : « *Oh! maman que j'ai peur, ma main écrit malgré moi* [1]. »

M. Brown et sa femme rassurèrent l'enfant en lui disant qu'il n'y avait rien à craindre ; ils regardèrent le papier et y trouvèrent une communication disant venir de la sœur aînée de M. Brown et signée par elle. *L'écriture était différente de celle de la petite*

---

[1]. Ce cri naïf n'est-il pas une preuve frappante d'une action indépendante de la personnalité humaine? ce que W. Crookes appelle : « L'intelligent opérateur qui est au bout de la ligne », comparant ainsi le message à une dépêche télégraphique pour laquelle il faut deux personnes, une qui envoie, l'autre qui reçoit. Dans son livre, *Recherches sur la force psychique*, W. Crookes cite plusieurs cas très curieux d'écriture automatique.

fille. Cette sœur était morte avant la naissance de celle qui écrivait.

M. et Mme Brown obtinrent ainsi plusieurs messages, mais le plus curieux fut celui-ci : « Un jour la main de la jeune fille saisit le crayon entre le deuxième et le troisième doigts, avec la tige du crayon placée plus haut entre le pouce et l'index, et se mit à écrire en caractères qui semblèrent à M. Brown être du chinois. Ayant montré le papier à un Chinois de leur connaissance, ce dernier leur dit : « C'est mal écrit, mais en partie lisible. » Comme M. Brown signalait la façon bizarre dont sa fille avait tenu le crayon, le chinois ajouta : « C'est en Chine la manière de tenir la plume ou le crayon quand on écrit. »

Il y a là, je crois, un fait qui frappera les plus incrédules. Écrire du chinois, c'est déjà très extraordinaire pour une Australienne de onze ans qui ignore cette langue ; mais l'écrire de la façon dont les Chinois tiennent leur plume ou leur crayon est encore bien plus étonnant.

Chaque fois qu'on la faisait écrire, la fille de M. Brown disait qu'elle sentait une sorte d'engourdissement dans le bras. M. Brown ayant demandé d'où cela venait, l'intelligence invisible répondit qu'elle arrêtait les relations entre le cerveau et les nerfs du bras, de façon à pouvoir diriger la main.

En 1893, le révérend Minot Savage, président de la Société des recherches psychiques des États-Unis, a publié un petit livre où il nous donne quelques-unes de ses expériences personnelles. Certaines d'entre elles sont tout à fait frappantes.

Premier cas. Une de ses amies d'enfance était

morte récemment. Elle vivait dans une autre partie des États-Unis, et le *psychique* ou *médium* (non public) ignorait l'existence de cette personne. Tout d'un coup cette dernière annonça sa présence en écrivant une lettre automatiquement. Comme je ne pensais pas à cette personne, dit M. Savage, je dis *mentalement*. « Voulez-vous me donner votre nom ? » Immédiatement, noms de famille et de baptême furent donnés. Je fis alors une conversation qui paraissait aussi réelle qu'avec des personnes vivantes. Les réponses correspondaient exactement aux demandes les plus intimes. Il y avait dans tous les détails donnés des indications d'identité parfaitement incompréhensibles pour un étranger comme le médium ; mais moi, dit M. Savage, je fus très impressionné. Si c'est un cas de télépathie, ajoute-t-il, il est plus qu'étonnant.

Deuxième cas. Les renseignements donnés n'étaient pas et ne pouvaient pas être connus ni du médium ni de moi, dit M. Savage. Ce n'est qu'après, que leur exactitude a pu être vérifiée. *Et cette fois, la télépathie n'a rien à y voir*.

J'étais assis avec ce médium, *particulier*, et dont le pouvoir est intermittent. Un ami mort prétendit être présent, et je voulus aussitôt le mettre à l'épreuve. Je demandai si cet esprit supposé savait où était sa sœur en ce moment ? La réponse fut qu'il n'en savait rien, mais qu'il pouvait s'informer. Quinze minutes se passèrent, puis un signal fut donné. Avez-vous cette réponse ? Oui. *Cette sœur est chez elle, prête à sortir*. La réponse, dit M. Savage, était exactement contraire à celle que je supposais, et le médium ne savait rien de ces questions.

Aussitôt, M. Savage écrivit une lettre à cette sœur de son ami mort, la priant de lui dire ce qu'elle avait fait tel jour, à telle heure, se réservant de lui expliquer la chose plus tard. La dame répondit : *Le jour dont vous parlez, j'étais chez moi, à peu près à l'heure que vous mentionnez, et je me préparai à faire une visite.*

Troisième cas. Un esprit, se disant celui d'une dame que j'avais connue depuis son enfance, m'annonça que sa sœur Marie éprouvait une des plus grandes douleurs de sa vie ; puis, comme si la chose lui était désagréable, elle affirma que cette épreuve douloureuse venait du mari. Je n'avais jamais vu ni connu ce dernier, dit M. Savage, et le médium pas plus que moi. Une lettre fut écrite à la dite dame, et la réponse sur laquelle il y avait « *particulière* » donnait tous les détails en question.

Quatrième cas. Un des plus frappants comme valeur dite scientifique. Un monsieur et une dame visitent un médium ; à peine en léthargie, ce dernier s'écrie : Votre tante est là, elle vient de mourir. Ce n'est pas possible, dirent les deux visiteurs, car on nous aurait télégraphié immédiatement. Si, répondit le médium, votre tante est là, et elle m'affirme qu'elle est morte à deux heures ce matin. Elle ajoute qu'un télégramme a été envoyé, et que vous le trouverez chez vous *en rentrant*. En effet, de retour dans leur maison, à plusieurs milles de là, on leur remit un télégramme annonçant la mort de la tante, à l'heure exacte indiquée par le médium.

Ce dernier cas est indépendant de l'écriture automatique ou directe ; mais comme il est attesté aussi par le révérend M. Savage, je n'ai pas voulu le détacher des autres.

* * *

Le révérend Stainton Moses [1], qui fut professeur à Oxford, puis à King's College, a beaucoup écrit sur les choses psychiques.

Dans son livre intitulé *Psycography*, il donne de très curieux exemples d'écriture automatique ; on en trouvera des extraits dans le livre de feu mon ami Eugène Nus : *Choses de l'autre monde*.

* * *

Je vais maintenant citer quelques expériences avec Églington, un puissant médium qui a été attaqué comme presque tous les médiums publics ; mais la masse des témoignages en sa faveur est écrasante [2].

En 1885, Églington fut reçu dans la famille du docteur Nichols qui se trouva dans des conditions exceptionnelles pour ses recherches psychiques. Voici ce qu'il dit : « De l'écriture directe a été produite sur mon papier à lettres (avec mes initiales), ou sur des cartes, *dont j'avais déchiré et gardé un coin dans ma poche, pour pouvoir l'adapter à la carte après l'expérience et m'assurer qu'on ne me trompait pas.* » L'écriture a eu lieu

---

1. Il a dirigé aussi jusqu'à sa mort le *Light*, un journal de psychisme et d'occultisme.

2. Je n'en dirai pas autant de *Slade*, autre médium public, qui, lui, a été pris en flagrant délit de fraude, et sur lequel on m'a raconté des choses prouvant son peu de bonne foi. Il avait des dons psychiques incontestables, mais il en a abusé.

chez moi, devant moi et des membres de ma famille, tantôt dans une boîte cadenassée, et le plus souvent entre deux ardoises attachées. (Le son d'un crayon écrivant entre deux ardoises est tout à fait particulier.)

Une fois, *en pleine lumière*, le docteur mit une carte blanche et un bout de crayon taillé dans une boîte qu'il ferma, puis il posa ses mains sur la boîte, pendant qu'Églington avait les siennes tenues par deux dames. On obtint un message *en allemand, langue qu'aucun des assistants ne connaissait, ni le médium non plus;* aussi le docteur fut forcé de faire traduire le message par un Allemand. « Le fait est stupéfiant, dit le docteur ; mais, en dehors des personnes qui ont constaté et vu comme moi, quiconque me connaît ne doutera pas de la véracité du fait. »

« Aucune théorie ne peut expliquer la chose, ajoute le docteur, et le public est acculé à une de ces deux conclusions : ou j'ai menti odieusement, ou ces quatre lignes ont été écrites par un pouvoir invisible. Quant à de l'écriture sympathique ou de l'encre invisible, je défie n'importe quel prestidigitateur d'en faire autant dans les mêmes conditions, d'autant plus que personne, y compris le médium, ne savait que je demanderais un message en allemand. »

Ce cas est très frappant, car en supposant qu'un médium puisse lire dans la pensée des assistants (comme Pickman et Cumberland), cela ne lui donnerait pas le don des langues.

Une séance remarquable eut lieu devant M. Dawson Rogers (un des fondateurs de la Société des recherches psychiques) qui dit ceci : « Je puis affirmer que je connais les moindres tours de prestidigitation ; mais, dans le cas en question, je n'ai pas le moindre doute que la fraude était impossible. La séance eut lieu *chez moi, avec toutes les précautions imaginables*. De l'écriture directe fut obtenue dans un livre fermé. »

Une des séances les plus curieuses d'Églington eut lieu, en 1884, chez une dame du monde, et il y avait comme assistants lady X, la marquise de Z., et M. GLADSTONE. Le grand homme d'État anglais dit à Églington qu'il n'était nullement sceptique au sujet de la possibilité des phénomènes psychiques et qu'il croyait à des forces subtiles avec lesquelles nos pauvres intelligences ne pouvaient pas lutter. Il se tint donc sur la réserve, mais dans l'attitude de quelqu'un cherchant à se renseigner. M. Gladstone avait, paraît-il, fait des expériences de lectures de la pensée qui furent suffisantes pour lui prouver qu'il y avait dans la nature, des forces inconnues et non reconnues.

La séance eut lieu *en pleine lumière*, et la maîtresse du logis, Mme O..., apporta deux ardoises comme on en emploie dans les pensions. Des réponses à diverses questions furent écrites sur ces ardoises, soit qu'Églington les tînt sous la table ou *sur la table, en vue de tout le monde*. On demanda à M. Gladstone d'écrire une question sur une des ardoises, il le fit et donna l'ardoise retournée de façon à ce qu'Églington ne pût lire la question. On attacha cette ardoise sur une autre, après avoir mis un bout de mine de plomb entre les deux. Presque aussitôt, le bruit de l'écriture commença. M. Gladstone semblait très intrigué ; mais quand on ouvrit les ardoises et qu'il vit que la réponse à sa question était exacte, son étonnement se changea en stupéfaction. Il est évident que dans une maison particulière, et avec ces ardoises appartenant à Mme O.., toute supercherie, *surtout en pleine lumière,* était impossible. D'autant plus que M. Gladstone ne perdait pas Églington de vue, et ses yeux perçants l'observaient avec soin. Il y eut aussi des réponses en espagnol, en français et en grec ; or Églington savait peu de français et pas un mot des deux autres langues.

Une fois les expériences terminées et pendant que les trois dames causaient entre elles, M. Gladstone s'entretint avec Églington de sujets psychiques. Ce dernier insista auprès de M. Gladstone sur la ridicule attitude de certains hommes de science qui nient les faits *a priori* et refusent de les examiner. Voici le sens général de ce que répondit M. Gladstone : « J'ai toujours pensé que les hommes de
« science, malgré leurs grands et nobles travaux,
« ne sont que trop souvent enclins à négliger les faits
« qui semblent en contradiction avec leurs métho-
« des établies, et souvent ils nient ce qu'ils ne se sont
« pas donnés la peine d'étudier. Beaucoup ne son-
« gent pas assez à ce grand point : c'est qu'il y a
« probablement dans la nature des forces qu'ils
« ignorent. »

Ce coup de patte du grand homme d'État n'a pas dû faire rire certains savants anglais ; il est vrai qu'ils rient si rarement.

Le récit de cette séance eut une immense retentissement en Angleterre et à l'étranger. Comme de juste, M Gladstone fut submergé par un déluge de lettres. L'inondation prit même de telles proportions que le *Daily News* publia *la note officieuse* suivante :

« Je suis chargé par M. Gladstone de vous dire
« qu'il n'a pas à entrer dans aucuns détails, et qu'il
« n'a émis aucunes conclusions sur les sujets dont
« vous parlez. — Signé : Horace Seymour. »

Cette réponse *diplomatique* avait pour but de détourner de M. Gladstone la colère des pseudo-savants, ou des sceptiques, qui s'amoncelait sur l'esprit trop ouvert du *Grand old Man* (comme disent les Anglais). A entendre les vieilles bigotes anglicanes ou puritaines, M. Gladstone s'était livré à la sorcellerie ; et d'après les gens bien équilibrés, il avait été le jouet des escamoteurs et des illusionistes. Depuis lors, M. Gladstone est devenu membre de la Société des recherches psychiques, preuve évidente que ces questions l'intéressaient beaucoup.

* *
*

D'autres expériences très curieuses (du même genre) eurent lieu chez M. Wedgewod (ancien vice-président de la Société des recherches psychiques), et il a témoigné de la réalité du phénomène et de l'impossibilité de tromper, dans les conditions où les expériences étaient faites.

*
* *

Un côté curieux de l'écriture directe, c'est la rapidité avec laquelle le message est produit, *en cinq ou six fois moins de temps que l'écrivain le plus vif pourrait écrire.*

*
* *

Le professeur J. Hyslop (des États-Unis) a écrit ceci : « Je n'ai jamais été un adepte du spiritisme, par conséquent l'écriture automatique que j'ai obtenue n'a jamais dépendu d'idées préconçues. Je n'ai jamais été non plus dans l'état hypnotique. *L'écriture diffère de la mienne, et elle est produite avec une rapidité qu'il me serait imposssible d'imiter.* Les pensées ne sont pas les miennes et sont souvent à l'opposé de celles qui me sont les plus chères. Dans certains cas, des renseignements tout personnels m'ont été donnés, et je n'y croyais pas jusqu'au jour où leur vérité m'a été prouvée, en entendant ces faits racontés par des personnes qui ignoraient mes expériences. »

« Dans d'autres circonstances, des signatures mises au bas des messages ressemblaient si exactement au réel autographe de la personne se disant auteur du message, *que des amis de cette personne décédée, restaient confondus de surprise en comparant les écritures.* D'autant plus que je n'avais pas connue cette personne de son vivant.

« Je ne puis jamais obtenir de l'écriture automatique a volonté. Souvent je n'obtiens rien, ou seulement quelques mots comme « *le pouvoir manque,* « ou *les conditions sont mauvaises* ».

Une école nouvelle, ayant pris le nom de Physiologie psychologiste, essaye d'expliquer l'écriture automatique par *le sub-conscient*, un mot nouveau (encore du travail pour l'Académie), appliqué à une seconde personnalité qui se manifesterait chez les patients soumis aux expériences magnétiques. Cette théorie, absolument hypothétique, a été unanimement condamnée par tous ceux qui se sont occupés de psychisme.

En effet, qu'est-ce qu'un moi inférieur qui, par moments, serait plus maître de notre cerveau que le moi supérieur? Il est possible que l'homme ait deux consciences, car tout en lui est pour ainsi dire double, mais cette *sous-conscience* n'est admissible que si elle est inférieure et secondaire comme l'âme animale dans les systèmes bouddhistes et occultistes. Cette sous-conscience pourrait alors être purement instinctive comme celle des animaux, ce serait un dernier vestige de l'évolution; mais logiquement elle doit être soumise à la conscience supérieure. Autrement, l'homme serait une dualité mal équilibrée où chaque conscience agirait à sa guise, sans que l'autre sache pourquoi. Ce serait le comble de la confusion intellectuelle.

Il est inadmissible surtout que le sub-conscient sache des choses que le super conscient ignore. Voici ce qu'écrivait à ce sujet un médecin anglais : « Est-il logique de croire que, de notre naissance à notre mort, nous ayons en nous une seconde personnalité dont nous ne connaissons rien, mais qui, elle, est consciente de tous les actes de notre vie, ainsi que des faits et gestes de nos parents ou amis morts? Si c'est notre sub-conscient qui se manifeste, pourquoi ne le dit-il pas? Dans quel but nous trompe-t-il? »

Voilà encore ce que disait le Journal religioso-philosophique des États-Unis :

« Le super-conscient ne sait rien du sub-conscient qui lui, au contraire, est au courant de tout ce que fait l'autre et, de plus, a des idées et des opinions le rendant complètement indépendant de son co-associé. *En réalité, nous n'avons pas l'ombre de preuve que cette théorie soit vraie.*

« Le sub-conscient est un échappatoire très commode ; mais au lieu de tout expliquer, il obscurcit tout. Nous n'ignorons pas les expériences hypnotiques faites en France, mais les expérimentateurs ont toujours eu affaire à des malades ou à des hystériques, c'est-à-dire à des personnes dans un état morbide. »

C'est parfaitement exact. Ce qu'on obtient de tels sujets, ce sont des phénomènes morbides et non psychiques. Ces malades ou ces fous dépendent de la médecine curative et non du psychisme expérimental. Ce sont surtout des sujets à caution.

Quand un médium est malade, on n'obtient plus d'effets psychiques, ce n'est que revenu à la santé que les phénomènes reparaissent. Ce résultat a été constaté souvent par S. Moses, les docteurs Gully et Nichols et bien d'autres ; il prouve, à n'en pas douter, que les médiums ne sont pas des malades, comme le supposent certains docteurs qui les confondent avec leur clientèle.

A. Russel Wallace (émule de Darwin et membre de la Société royale de Londres) condamne aussi *le sub-conscient* comme une hypothèse sans preuve et sans consistance.

Oxon (S. Moses), dans son livre intitulé *Psycography*, semble aussi avoir une confiance médiocre dans le sub-conscient, car voici ce qu'il dit : « La « théorie de l'action d'une nouvelle conscience for-« mée par l'intelligence des assistants, ou par une

« sous-conscience s'il n'y a qu'une personne, est une
« hypothèse qui a été mise plusieurs fois en avant
« pour être aussi souvent renversée par des faits.
« C'est le sort de toutes les théories. »

Après la mort d'Oxon, un de ses amis, F.-H. Myers, (le professeur de Cambridge dont j'ai parlé) écrivit ceci : « Avant l'époque où il quitta la Société des recherches psychiques, Oxon me permit d'examiner toute la série de ses écritures automatiques, celles surtout qui contenaient les preuves sur lesquelles il a basé son livre de *Spirit identity* (de l'identité des esprits), et nulle part je n'ai vu que les cas imprimés fussent différents des originaux. Au contraire, je crois que ces cas eux-mêmes, s'ils avaient été étudiés plus complètement, auraient souvent produit des *preuves encore plus fortes* que l'auteur ne se l'imaginait. »

L'attestation d'un homme de la valeur de F.-H. Myers est de la plus haute importance.

Avec ce délicieux système du sub-conscient, un mari trompé n'aurait plus le droit de se venger légitimement de l'amant de sa femme, car ce dernier pourrait en appeler à son super-conscient qui ne savait rien.

Tous les assassins et les voleurs pourraient faire plaider que leur sub-conscient est le seul coupable, car leur infortuné super-conscient n'a rien su, rien vu et n'a pas eu la conscience de résister. « Chaque
« fois que j'étais malade ou souffrant, dit Oxon, les
« phénomènes perdaient toute valeur et toute
« clarté. A peine bien portant, l'effet contraire se
« produisait. *Ce qu'on obtient des malades, des*
« *histériques, ou des folles n'est qu'une série de*

« *vagabondages de cerveaux et d'organismes dé-
« traqués.* »

J'engage les hypnotiseurs à méditer ces lignes d'Oxon et à réfléchir sur l'étonnant article que M. Labouchère a publié dans son journal *le Truth*. Il s'agit de l'aveu fait par un des *sujets* les plus remarquables de Londres, au point de vue hypnotique :

« Il faut des sujets aux docteurs et professeurs qui se livrent aux expériences d'hypnotisme, aussi s'est-il formé une catégorie de gens qui les exploitent avec une habileté sans égale.

« Le sujet qui m'a fait sa confession, dit M. Labouchère (membre de la Chambre des communes), était une étoile dans sa profession ; il a figuré dans des séances particulières, avec des savants hypnotiseurs anxieux d'arriver à des résultats véridiques, et de son propre aveu, le sujet les a tous mis dedans.

« Quelle preuve, avais-je, continue M. Labouchère, que le sujet ne m'ait pas trompé moi aussi ? Des preuves nombreuses. De plus, il m'a offert de simuler devant moi tous les phénomènes hypnotiques.

« Ces trucs, dit le sujet, sont une question de pratique, il suffit de s'exercer avec soin.

« Croyez-vous, demanda M. Labouchère, que tous les sujets soient comme vous des truqueurs ? Pas tous, mais beaucoup, répondit-il en riant. Je les connais et sais à quoi m'en tenir. De plus ce *sujet* m'assura qu'à Paris, comme à Londres, ou ailleurs, l'hypnotisme avait ses exploiteurs. »

M. Labouchère termine son article en disant qu'il a vérifié les dires de cet intéressant *sujet*, et constaté que tous les trucs dévoilés par lui avaient été employés soit en public, soit avec des savants.

Cela prouve que les *faux médiums* ont trouvé leur pendant avec les *faux sujets*.

Un docteur anglais, M. H**, dit avoir eu la preuve que divers sujets d'un docteur hypnotiseur de Paris l'avaient trompé bien des fois, et il a publié à ce sujet deux articles dans *le Times*.

Certains savants trouvent tout naturel de traiter les médiums de charlatans, farceurs, prestidigitateurs et autres noms gracieux. Ils pourront voir par ce que je viens de raconter que *les meilleurs sujets hypnotisables* sont quelquefois de purs comédiens, jouant leurs rôles au mieux de leurs intérêts, et vendant la mèche quand ils se retirent des affaires.

D'autres expérimentateurs ont fait jouer à leurs hypnotisées tous les rôles imaginables, en leur suggérant qu'elles étaient tel ou tel personnage, dont elles prenaient aussitôt les allures, le langage et le ton. Il s'agit de savoir si ces expérimentateurs n'ont pas été joués à leur tour comme de simples *Gérontes psychologues*. Ils prennent des précautions, c'est évident ; mais, comme dans *le Barbier de Séville*, souvent la précaution est inutile, et une femme feignant d'être hypnotisée a plus de malice dans son petit doigt que bien des savants même sur leurs gardes.

D'après ce nouveau genre de charlatanisme, le vrai *sous-conscient* serait l'expérimentateur, horriblement dupé par l'hypnotisée, qui, elle, serait *super-consciente* de ses rouéries.

Malheureusement, les hypnotiseurs n'avoueront

jamais qu'ils peuvent être aussi crédules que des spirites et qu'il est possible aussi de les tromper. Ils croient tout expliquer avec le sub-conscient, qui lui-même est une énigme, et ne donne même pas la clef de l'écriture automatique, encore moins de l'écriture directe. Pour cette dernière il y a une action semi-matérielle en dehors de tous les sub- ou super-conscients, et on ne peut expliquer ce genre d'écriture que de deux façons :

1º Par l'action d'une intelligence invisible quelle qu'elle soit ;

2º Par l'action du *corps psychique* du médium se détachant de lui et agissant au moyen de ses organes psychiques [1].

Ce dernier cas se présente, je crois, plus souvent qu'on ne se l'imagine ; mais si le message est écrit dans une langue inconnue du médium et des assistants, il n'y a plus qu'une explication admissible, l'intervention d'une intelligence invisible. Rien ne prouve, d'ailleurs, que cette intelligence soit près de nous, elle peut agir de très loin, comme le croyait Robert HARE, et peut-être d'une manière semi-télépathique.

Quant à l'auto-suggestion, elle n'explique rien du tout, mais c'est un paravent très commode pour masquer ce qu'on ne comprend pas, ou ce qu'on ne veut pas admettre.

Dans *les Souvenirs d'un Magnétiseur* du comte de Maricourt, on trouvera des faits très curieux et très bien documentés d'écriture automatique. Cer-

---

[1]. Pour bien comprendre cette explication, je renvoie le lecteur au chapitre sur le corps psychique.

tains d'entre eux présentent ce côté caractéristique qu'ils ont été écrits par une *personne vivante* et avec tous les côtés particuliers de *son écriture*, différente de celle du médium. Ces deux messages prédisaient la mort d'une personne à telle date et à telle époque. Est-il admissible que le sub-conscient de ces personnes ou celui du médium ait été averti de cette mort prochaine, tandis que le super-conscient n'en savait rien ? Poser la question c'est la résoudre.

Ce qui est plus probable, c'est qu'il y a là deux cas de ce qu'on pourrait appeler *télépathie automatique*.

M. Stead, directeur de *la Revue des Revues* de Londres, a obtenu à diverses reprises des messages de ce genre. Il a constaté que des amis, habitant à de certaines distances, lui avaient écrit d'une façon automatique, au moyen de sa main, disant ce qu'ils pensaient ou désiraient de lui. Un d'entre eux qu'il avait rencontré et qui n'osait pas lui avouer des embarras d'argent, les lui dit *automatiquement*. Quand M. Stead montra le papier à son ami, *avec un message écrit de sa propre écriture*, l'ami resta abasourdi. On le serait à moins.

Certaines personnes pourront supposer que M. Stead est un liseur de pensées comme Pickman ou Cumberland, ou nous parlerons encore de l'auto-suggestion ; mais tout cela n'expliquerait pas comment M. Stead aurait pu imiter exactement l'écriture de ses amis. La télépathie, la clairvoyance et le psychisme, que beaucoup de savants n'admettent pas, leur réservent, je crois, bien des surprises.

CHAPITRE IV

LA PSYCHOMÉTRIE.

Parlons maintenant de la psychométrie, cette curieuse faculté psychique découverte par le docteur Buchanan qui fonda une école de médecine à Cincinnati (États-Unis).

En causant un jour avec son client l'évêque Simpson, le docteur apprit que chaque fois que l'évêque touchait un métal, même la nuit où il ne savait pas ce qu'il touchait, il en sentait l'influence et en découvrait la nature.

A la suite de cette remarque, le docteur commença une série d'expériences. Il plaça des métaux de divers genres dans les mains de personnes d'une grande sensibilité, et constata qu'il y avait beaucoup de gens possédant le pouvoir de deviner par le toucher telle ou telle substance enveloppée dans du papier, et qu'il lui était impossible de voir.

En continuant dans cet ordre d'idées, le docteur Buchanan pensa que des sensitifs pourraient être affectés de la même façon par le contact d'êtres vivants. Des personnages de tempérament très impressionnable pouvaient, en plaçant la main sur la tête ou sur le corps, éprouver une sensation correspondant à la vie intime. Souvent même le contact n'était pas nécessaire. De puissants sensitifs, en se trouvant devant des personnes malades, reconnaissaient quelle était la maladie et pouvaient en indiquer le siège.

Voilà un genre de psychomètres qui serait d'un puissant secours à nos bons médecins, lorsque leurs diagnostics ne répondent pas à leurs espérances [1].

Deux ans après avoir fait ses premières découvertes, le docteur Buchanan trouva des individus si sensitifs qu'ils pouvaient reconnaître l'influence communiquée à une lettre par celui qui l'avait écrite, *si on mettait cette lettre sur le front du psychomètre.* Quelquefois même, ce dernier pouvait indiquer très exactement le caractère et les habitudes de celui qui avait écrit la lettre.

Parmi ceux qui se sont le plus occupés de la psychométrie, on doit citer d'abord l'éminent géologue américain William Denton. Il trouva dans sa femme, sa sœur et un de ses fils, les plus puissants exemples du pouvoir psychométrique, et, pendant plus de vingt ans, fit des expériences dans les meilleures conditions.

Continuant ses recherches dans ses nombreux voyages, et se trouvant en contact avec beaucoup de personnes ayant plus ou moins le don psychométrique, W. Denton publia le résultat de ses expériences dans trois volumes intitulés : *L'âme des choses.* Je vais donner quelques extraits de ce très curieux livre.

---

1. Il y en a plusieurs à Londres, et ils rendent de grands services.

La sœur de Denton, Mme Cridge, fut la première personne sur laquelle il tenta des expériences. Étant très impressionnable, cette dame fut vite en mesure de voir et de décrire les personnes, ayant écrit les lettres qu'on lui saisait fermées sur le front, disant même souvent la couleur des cheveux et des yeux.

Denton en conclut que si l'image de celui qui écrit une lettre peut y rester (psychiquement) pendant le peu de temps que le papier est sous son influence, on pouvait supposer que les rochers gardaient l'impression de tout ce qui les avait entourés. Il pensa donc que le géologue pourrait obtenir ainsi des renseignements sur le passé, et fit des expériences avec des fossiles, des minéraux, des spécimens archéologiques. Denton découvrit que le psychomètre, sans savoir en quoi consistait le spécimen qu'on lui mettait tout enveloppé dans la main ou sur le front, voyait l'objet et tout ce qui était arrivé dans son voisinage. Cette vision passait quelquefois avec la rapidité de l'éclair, et d'autrefois si lentement et si distinctement qu'on pouvait la décrire comme une vue panoramique.

La psychométrie sera pour le géologue d'un immense secours. Il y a des périodes entières du passé que nous ignorons. La faune et la flore de la terre pendant l'époque crétacée nous sont à peu près inconnues. Que savons-nous du commencement de la vie? Il est probable que ce n'est pas seulement dans les fossiles qu'il faut la chercher, mais dans des impressions que le psychomètre seul peut retrouver.

Des formes, trop petites ou trop molles pour

laisser une impression sur les rochers, pourront être aperçues, et des périodes qui nous paraissent vides nous montreront des myriades d'êtres qui ont vécu sans laisser de traces visibles. Des types d'animaux, d'oiseaux et de poissons, dont nous n'avons pas la moindre idée, seront pour ainsi dire reconstitués, et nous pourrons juger de l'ensemble de la création organique depuis la monade jusqu'à l'homme.

Souvent, en voyageant en voiture, Mme Denton disait à son mari : ... il y a du plomb ou du cuivre dans les environs, et M. Denton a vérifié l'exactitude du renseignement. Le psychomètre, dit-il, peut suivre le cours des veines d'un métal sous la terre, comme nous suivons le cours d'une rivière sur sa surface.

W. Denton dit qu'il a de bonnes raisons de croire que des psychomètres bien entraînés pourront voir dans les planètes de notre système et se rendre compte de ce qui s'y passe. L'influence de ces planètes a rayonné sur la terre pendant des millions d'années, et des traces de cette influence doivent rester.

Mais, ajoute Denton, comment pourrons nous savoir si les récits des psychomètres sont exacts ? En comparant les révélations de l'un à celles d'un autre, comme nous faisons pour l'astronomie.

Même pour l'historien, la psychométrie sera utile, car l'histoire, dit Voltaire, est un énorme mensonge. La biographie de toutes les nations est inscrite quelque part et le psychomètre pourra la lire. Les occultistes disent que tous les événements passés et présents sont imprimés dans la lumière astrale, et que les voyants peuvent y lire comme dans un livre.

Le psychomètre est, en somme, une sorte de voyant, ou plutôt un individu ayant, *tout éveillé,* les facultés et les perceptions que le somnambule ne possède que s'il est endormi.

Au lieu de milliers d'années, le psychomètre pourra nous faire remonter à des millions d'années. Nous saurons ce qui se passait aux époques primaires, secondaires,... etc.; l'épée d'un César ou d'un Conquérant pourra nous en dire long sur son caractère.

La psychométrie, dans divers cas, pourra peut-être servir à découvrir les criminels. Les restes d'un individu assassiné peuvent raconter son histoire, car ils sont imprégnés de son influence.

« Le poisson, dit Denton, ne sait rien de l'océan d'air dans lequel nage l'oiseau, et nous-mêmes, malgré toutes nos fameuses connaissances, nous ne savons que peu de chose des océans d'éther qui nous entourent. Je crois que la psychométrie n'est que l'exercice des facultés de l'âme, et qu'elle est indépendante de celles du corps. Le psychomètre voit, sans l'aide des yeux matériels, soit le passé, soit le présent, et ce qui est éloigné comme ce qui est près; il entend des sons que n'entendent pas les oreilles physiques et voyage sans les moyens ordinaires de locomotion. Cependant, les nombreuses difficultés que nous avons rencontrées dans nos expériences, m'ont prouvé que nous nous sommes approchés d'une terre inconnue, mais que nous n'avons fait que la côtoyer. »

Le psychomètre voit-il les objets comme nous les voyons? Pas tout à fait de la même façon, dit Mme Denton. « Dans certains cas, les objets passent devant l'observateur avec la rapidité de la foudre, je n'ai su que longtemps après, que par un effort puissant de la volonté on pourrait forcer ces tableaux à rester fixes, et qu'ils étaient aussi réels que tout ce qu'on voyait chaque jour. D'autres fois, les objets semblent fixes, mais certaines parties seules sont visibles. Par moments, le psychomètre se trouve transporté dans l'espace et, se mouvant plus vite que le vent,... il vole pour ainsi dire et se sent dégagé de tout lien terrestre. »

Il est probable que ce dernier effet est produit par un dégagement du corps psychique qui n'a lieu d'habitude que dans le sommeil ou l'état léthargique. Dans sa jeunesse, Mme Denton croyait qu'on pouvait obtenir ces effets en pressant les paupières sur les yeux, d'après ce que lui disait sa mère. Plus tard, elle se rendit compte que cette explication était enfantine, et que ce genre d'effets pouvait bien se rapprocher de ce qu'Aristote appelait : *l'action intérieure du sens de la vision.*

Une succession de coïncidences et d'expériences amenèrent M. et Mme Denton à penser qu'il y avait quelque lien entre ces singulières visions et les réalités de la vie extérieure. Quelquefois, on aperçoit comme un fac-similé d'une chose familière, mais l'objet peut aussi être complètement différent de ce qu'on a vu ou connu.

Aucun anatomiste ne sait ce que c'est que l'œil interne et serait bien embarrassé pour l'expliquer.

C'est le *sixième sens* dont nous parlent quelques occultistes élevés, et qui commence à se développer chez certains privilégiés des nouvelles générations.

Il y aura même un *septième sens* qui sera évolué dans des races futures.

Revenons à Mme Denton. Enthousiasmée de la découverte du docteur Buchanan, elle voulut expérimenter selon ses indications. Un soir, dans sa chambre, *et dans l'obscurité*, elle prit au hasard une lettre au milieu de beaucoup d'autres dans son tiroir et la plaça sur son front. Immédiatement, elle vit la figure et le buste de celui ou celle qui avait écrit la lettre, et même la pièce où on l'avait écrite. Puis, en faisant partir une allumette, elle s'assura si l'expérience était exacte.

Ces expériences peuvent être faites le jour ou dans l'ombre, mais l'obscurité est préférable. Le psychomètre peut alors développer entièrement sa vue interne, et ses descriptions sont plus nettes. *Elles ne sont nullement de fantaisie ni des créations de son imagination*. En voici un exemple frappant :

En 1872, M. Denton mit dans les mains de son fils (âgé de douze ans) un débris de ciment venant de la maison de Salluste à Pompéi. Les descriptions de cet enfant furent d'autant plus surprenantes qu'il ne connaissait rien de Pompéi (ni par lecture ni autrement), et pourtant ce qu'il a dit de ses habitants, de ses magasins, de ses fêtes, de la vie journalière, du théâtre... etc., tout a été reconnu plus tard comme exact. Les expériences ont été faites à des intervalles assez éloignés, pour éviter autant que possible la transmission de pensées.

Dans le cas que je vais raconter maintenant, on ne peut même pas se servir de cette explication, car l'expérience a porté sur un fossile de l'île de

Cuba. On le plaça sur le front de Mme Denton qui décrivit très exactement où avait été trouvé le fossile, ce qu'il était (de l'époque tertiaire), ce qui l'entourait, la partie de l'île où on l'avait pris,.. etc. M. Denton ne savait rien de ce fossile qui lui avait été donné comme venant de Calabayal, ce qui indiquait une ville hispano-américaine, mais non une ville plutôt de l'île de Cuba que d'ailleurs.

M. Denton, en écrivant à des amis après l'expérience, obtint des renseignements concordant absolument avec les descriptions de sa femme.

Une autre fois, au milieu de plus de deux cents spécimens de toutes sortes *enveloppés dans du papier*, M. Denton en prit un au hazard et le mit sur le front de sa femme, sans savoir lui-même ce que c'était. Plus tard, en ouvrant le papier, M. Denton lut sur le spécimen « *Mosaïque moderne. Rome* ». La description de Mme Denton avait porté sur le temple où se trouvait cette mosaïque. Elle reconnut que ce n'était pas de la peinture, mais des couleurs imprimées dans les matériaux.

L'influence magnétique est-elle nécessaire pour le phénomène de la psychométrie? Nullement, répond Denton. Cette influence ne doit jamais être acceptée par le psychomètre avant les expériences, sauf dans des cas très rares.

Le regard du psychomètre doit-il être dirigé dans l'espace ou sur quelque objet dont les visions semblent sortir? Non, dit encore Denton. Le psychomètre n'a pas besoin de regarder les objets ; dans quatre-vingt-dix-neuf cas sur cent, il voit beaucoup plus qu'il ne peut décrire; il n'a pas besoin de désirer des visions, elles arrivent en foule et comme douées de vie et de mouvement.

La valeur de ces visions dépend surtout de l'habileté du psychomètre à distinguer entre la nature des deux influences ou de leur source, de façon à être actif pour une influence et passif dans l'autre.

Afin de prouver que ces phénomènes ne sont pas personnels au docteur Buchanan ou à la famille Denton, je vais citer un cas raconté par Mme Hardinge-Britten, la femme d'un docteur anglais.

Vers 1882, une réunion d'adieux avait été donnée dans la maison du colonel Kate, bien connu à Philadelphie. Un de leurs visiteurs leur demanda de présenter un de ses amis que personne ne connaissait. A la fin de la soirée, ce monsieur dit qu'il avait amené son ami pour obtenir (si c'était possible) une description psychométrique d'un petit paquet qu'il tira de sa poche. Quoiqu'il y eut près de soixante personnes présentes, un silence complet suivit cette demande, jusqu'au moment où la dame pour laquelle on donnait cette soirée s'avança et prit le paquet.

On ne savait pas que cette dame était psychomètre, et il y avait plusieurs années qu'elle n'avait exercé ce don. Mue par une impulsion soudaine, elle dit être transportée il y a des milliers d'années sur les bords du Nil. Elle décrivit des bandes d'Égyptiens s'inclinant devant *une haute et longue pierre dont la pointe était dirigée vers les cieux.*

Pendant trois quarts d'heure, elle parla de différentes époques jusqu'à l'année présente, où d'autres nations s'étaient jointes aux Égyptiens pour enlever de terre la haute pierre, à la base de laquelle se trouvaient diverses médailles pareilles à *celle qui était dans le paquet*. La dame dit ensuite que cette pierre avait été transportée hors d'Égypte, et qu'elle était actuellement dans un dock.

Le monsieur apprit alors aux personnes présentes que le paquet contenait une médaille, qu'il montra, et qui avait été trouvée avec plusieurs autres en Égypte, sous *l'aiguille de Cléopâtre*, que le gouvernement des États-Unis venait d'acheter. Cette aiguille se trouvait en ce moment dans un dock à New-York.

Ce qui étonna le plus les assistants ne fut pas seulement l'exactitude des descriptions, mais le fait étonnant que l'histoire du pays, des habitants, du monolithe, etc... fût aussi gravée d'une façon pour ainsi dire occulte sur cette médaille. Ce récit est absolument certifié par Mme Hardinge-Britten qui l'a publié.

Depuis lors, beaucoup de psychomètres ont surgi, en Angleterre comme en Amérique, et, ainsi que le dit W. Denton : « La psychométrie peut reculer les bornes de toute science, mais les savants la regarderont d'abord avec méfiance, sinon avec hostilité. Un caillou des rues ou des murs de Jérusalem est comme une bibliothèque contenant l'histoire du peuple juif. Les événements les plus ignorés des temps préhistoriques peuvent nous être connus, et nous n'avons qu'à ouvrir nos yeux psychiques pour les voir. Un morceau de colonne de Babylone peut nous mettre au courant de ce qu'était l'Assyrie il y a 4,000 ans. »

Denton a raconté dans son curieux livre ses nombreuses expériences, et il y en a de vraiment étonnantes.

La psychométrie est évidemment une mine nouvelle ouverte aux chercheurs, mais je suis convaincu que les habitués de la sacro-sainte routine nous parleront d'abord de visions, d'auto-suggestions, de transferts de pensées, enfin toute la lyre scientifique, plutôt que d'avouer qu'il y a des choses ignorées d'eux.

DEUXIÈME PARTIE

LE HAUT PSYCHISME

CHAPITRE PREMIER

LE CORPS PSYCHIQUE.

L'étude du corps psychique est indispensable pour comprendre les phénomènes psychiques d'un caractère plus élevé et plus rare que ceux que j'ai décrits.

Je sais qu'il est très difficile de faire admettre la réalité d'une chose invisible, du moins en général, car dans bien des cas le corps psychique se rend visible pour certains sensitifs.

Les spirites appellent ce corps « *Périsprit* », et je ne sais trop pourquoi ils ont choisi ce terme, assez vague, et dont je n'ai trouvé l'équivalent dans aucun ouvrage des spiritualistes anglais, américains, allemands, etc. Je préfère de beaucoup l'expression de corps psychique ou enveloppe fluidique qui est plus précise, car ce corps est composé d'une matière extrêmement subtile, formant comme un double de notre corps matériel. Les premiers chrétiens l'appelaient *Le corps glorieux*.

Les Indous disent que ce corps est fait avec le fluide *astral* qui traverse et relie tous les mondes. Leurs données à ce sujet sont très curieuses.

Les anciens Égyptiens nommaient le corps psychique *la forme qui sort*, expression très caractéristique et qui est corroborée par les nombreux cas de dédoublement de l'être humain, dont je citerai quelques exemples.

Les savants et les sceptiques doutent de ce corps parce qu'ils ne le voient pas. Avant l'invention du *télescope* et du *microscope*, voyait-on des milliers de planètes et des myriades d'infusoires; qui doute de leur réalité maintenant?

Qui sait si on ne trouvera pas au xxe siècle le *psychoscope*, c'est-à-dire un instrument assez puissant et assez sensible pour nous permettre de voir le fluide magnétique, et surtout cette matière subtile qui forme le corps psychique. Ce jour-là le matérialisme aura vécu, et personne ne le regrettera. D'ailleurs, comme le remarquait le révérend M. Savage, président de la Société des recherches psychiques d'Amérique : « Les matérialistes sont les « fossiles d'une période éteinte de la pensée hu- « maine. »

Il y a cinquante ans seulement, si on avait parlé d'instruments comme le téléphone ou le phonographe, on aurait souri dédaigneusement. Même du temps des Grecs ou des Romains, si fiers de leurs connaissances et de leur civilisation, si quelqu'un avait pu produire quelque chose d'aussi banal actuellement que la photographie, n'aurait-on pas traité ce personnage de charlatan. Au moyen âge, le même photographe aurait été brûlé comme sorcier, ce qui console un peu de n'avoir pas vécu à cette époque qu'on appelle encore, par euphémisme, *le bon vieux temps*.

La nécessité du corps psychique est d'autant plus indispensable, que, selon la science, nous sommes une réunion de cellules, et ce qui les dirige et les réunit c'est le corps psychique. De plus, le corps matériel se renouvelant sans cesse, il serait dissous sans cette enveloppe fluidique qui maintient tous les éléments du corps, et ils sont nombreux à en juger par la curieuse nomenclature suivante : Selon le journal *le Fer (Iron),* on trouve dans le corps humain treize éléments, dont cinq de gaz et huit de solides. Un homme de 76 kilogrammes représente 44 kilogrammes d'oxygène et 7 d'hydrogène, 1 kil. 73 g. d'azote, 600 grammes de chlore et 100 grammes de fluor ; 22 kilogrammes de charbon (!) 800 grammes de phosphore, 100 grammes de soufre, 1,750 gr. de calcium, 80 gr. de potassium, 50 gr. de magnésium, 50 gr. de fer, et *nul métal précieux,* ouf ! Je pense que la vanité humaine sera quelque peu humiliée par ce défilé de matériaux corporels.

Que deviendraient tous ces éléments qui se désagrègent et se reforment continuellement, s'il n'y avait pas une enveloppe générale qui les retient pendant leur travail de transformation journalière. Les tissus seraient insuffisants à expliquer ce phénomène, et la peau est pour ainsi dire percée à jour par les pores. De plus, la science nous affirme nettement que par la combustion intérieure, notre corps est renouvelé environ tous les mois. On a un corps tout neuf et gratis, car la nature est bonne mère et ne fait rien payer pour cette modification intérieure dont elle a le monopole. L'industrie particulière ne nous traiterait certes pas à si bon compte.

Une observation très curieuse a été faite par un ancien consul M. E. Simon, et elle prouve que le corps psychique peut être sinon visible, du moins *apparent*. On remarque, dit-il, que les représentations en marbre, en plâtre, ou en cire du visage humain sont sèches de contours et nettes de lignes; *elles se retrouvent identiquement sur le cadavre*. Au contraire, la figure de l'homme vivant paraît sur ses contours estompée d'une façon vaporeuse, et chez certaines personnes semble s'imprégner comme de lumière. On dirait une sorte d'atmosphère nerveuse qui révèle sa présence et même ses particularités. Cette impression visuelle est sensible en comparant le visage à son reflet dans une glace.

Les expériences d'*extériorisation de la sensibilité* faites par le colonel de Rochas [1] prouvent à n'en pas douter la réalité du corps psychique. « Quand l'extériorisation a eu lieu, dit M. de Rochas, « *à une certaine distance du sujet, si on passe la* « *main dans l'air et qu'on pique avec une aiguille*, « *le sujet pousse un cri.* » Il a donc éprouvé une sensation dans une partie de son corps, parfaitement invisible, mais néanmoins *tangible*, puisqu'elle est sensible.

A mesure qu'ils avanceront dans leurs expériences soi-disant hypnotiques, les expérimentateurs seront entraînés beaucoup plus loin qu'ils ne se l'imaginent et ils découvriront peut-être ce qu'ils ne cherchent pas. Les savants matérialistes qui se vantaient de n'avoir jamais trouvé l'âme sous leurs

---

[1] Il est administrateur de l'École Polytechnique.

scalpels doivent être bien inquiets de cette découverte de M. de Rochas, car si, en dehors du corps, *et surtout à une certaine distance,* le scalpel trouve quelque chose de sensible autre que le corps matériel, c'est la première pierre de l'édifice matérialiste qui tombe, et au siècle prochain il n'en restera plus pierre sur pierre [1].

Il se forme à une certaine distance du *sujet* une enveloppe invisible qui n'est pas le corps, mais qui est sensible comme lui, et qui est reliée fluidiquement au corps matériel. M. de Rochas appelle les expériences « *extériorisation de la sensibilité* », car il faut bien, pour faire admettre une chose aussi extraordinaire, ne pas trop choquer les préjugés du monde scientifique. Il a expérimenté sur un *sujet normal en bonne santé* et non sur des malades ou des fous comme beaucoup d'hypnotiseurs. C'est sous l'influence de passes magnétiques que cette enveloppe invisible se dilate et se reforme en dehors du sujet, dès qu'il est *entrancé* ou en léthargie. Pour tous ceux qui sont au courant des choses occultes, il est évident que c'est le corps psychique (corps astral ou périsprit, peu importe le terme) du médium qui se dégage comme dans la matérialisation et les cas de dédoublement dont je parlerai plus loin. Le professeur Elliott Coues a dit dans une *lecture* faite à Chicago en 1889 : « J'ai étudié « tous les phénomènes dits spiritualistes (ou spiri- « tes), que doit-on en conclure ? Rien, si vous ne « partez pas de ce fait *primordial*, qu'il y a un corps

---

1. Dans le journal *l'Initiation* de mai 1893, on trouvera de très curieuses expériences du colonel de Rochas.

« matériel et un corps astral (ou psychique), et
« que les deux corps se séparent quelquefois l'un
« de l'autre, même pendant la vie ».

La religion catholique serait en contradiction avec elle-même si elle n'admettait pas le corps psychique, car d'après le dogme de la Trinité, Dieu est triple et un ; or Dieu ayant (selon la Bible) fait l'homme à son image, ce dernier doit être triple et un, c'est-à-dire composé d'un corps, d'une âme (corps psychique) et d'un esprit (émanation de Dieu).

De plus, saint Paul a affirmé la réalité du corps psychique. « Il y a, dit-il, un corps d'essence spiri-
« tuelle non pas celui qui périt à la mort, mais celui
« qui dure. »

Un auteur chrétien Philoponus a écrit que :
« l'âme n'est séparable que du corps grossier, non
« de tout corps absolument. Après la mort, elle
« possède un corps spirituel ou aérien dans lequel
« et par lequel elle agit. Le corps spirituel est com-
« posé de quatre éléments et reçoit son nom des par-
« ties prédominantes de l'air, de même que notre
« corps grossier est appelé terrestre d'après l'élé-
« ment qui y domine. »

Un autre auteur chrétien, saint Irénée, dit que
« l'âme a des organes comme le corps et qu'elle en
« est l'image exacte ».

Dans la Kabale juive, nous voyons que l'homme est composé de trois parties : *Nephesch*, le corps ; *Ruach*, le corps astral ; *Neschamah*, l'esprit. Toutes les religions orientales ont eu l'intuition du corps psychique qu'on retrouve sous divers noms.

Les anciens connaissaient parfaitement le corps

psychique. Les Platoniciens l'appelaient « *Okhêma* », *véhicule*. Le docteur Henry Moore dit à ce sujet :
« Le véhicule astral de l'âme est d'une telle ténuité
« qu'il peut traverser les pores les plus déliés du
« corps aussi facilement que la lumière passe à tra-
« vers le verre, ou la foudre à travers le fourreau
« d'une épée, sans le déchirer ni le rayer. »

« L'âme, a dit Porphyre, n'est jamais complète-
« ment nue de tout corps, un autre corps plus ou
« moins pur lui est toujours uni, adapté à sa dispo-
« sition actuelle. »

De nos jours, un positiviste, élève d'Auguste Comte, M. Benjamin d'Assier, a été obligé de reconnaître la réalité du corps psychique, et il en donne de nombreuses preuves dans son livre intitulé *l'Humanité posthume*. Il appelle le lien qui réunit les deux organismes *un réseau vasculaire invisible*. Mais là où il se sépare des spiritualistes et des spirites, c'est lorsqu'il suppose qu'après la mort, ce corps fluidique ou psychique se dissout lentement. Ce serait une seconde mort encore plus désagréable que l'autre, mais fort heureusement cette théorie ne repose sur aucunes espèces de preuves.

Il est possible et même probable que cette enveloppe fluidique puisse subir des transformations, comme tout ce qui existe dans la nature, mais de là à être détruite il y a loin. Le corps matériel n'est que l'agent et l'instrument de ce corps d'essence spirituelle. Donc la conscience et l'individualité appartiennent au corps psychique et s'extériorisent avec lui dans ce qu'on appelle le DOUBLE des gens, et ce dont nous trouvons tant d'exemples dans le livre intitulé *Phantasms of livings*, Fantômes des *vivants* [1] de MM. Gurney et F.-H. Myers. Ce double peut se détacher soit pendant le sommeil, soit à l'état de veille, en laissant le corps matériel dans une sorte de vie purement animale.

Évidemment ces cas ne sont pas fréquents, sans cela nous aurions une partie de nous-mêmes faisant l'école buissonnière, et notre existence serait comme un grand livre, en partie double. En cherchant en France ou ailleurs avec la patience et le soin qu'ont mis à ce travail MM. Gurney et F.-H. Myers, je crois qu'on trouverait tout autant de cas que ceux constatés en Angleterre.

Il est évident que les sceptiques appelleront ces cas des histoires, ou se serviront une fois de plus de leur vieille rengaine de l'hallucination, l'explication à tout faire de leurs théories. Mais pour tous les gens sans préjugés, ces cas prouvent l'existence du corps psychique qui s'extériorise [2].

A propos de ses expériences d'extériorisation M. de Rochas termine son article par ces lignes caractéristiques :

« Il semble que tels faits devraient bouleverser

---

1. Traduit sous le titre absolument dénaturé d'*Hallucinations télépathiques*, chez Alcan.
2. Il vient d'être publié un ouvrage du docteur Baraduc *la Force Vitale*, où il prouve aussi la réalité du corps psychique.
« On voit que le corps humain mesuré par le poids, étudié par
« le microscope, est doublé d'un corps intime *fluidique* dans
« son essence et dont la valeur peut être appréciée par la diffé-
« rence ou le rapport entre les forces pénétrant à droite du
« corps et s'extériorisant à gauche; ce qui revient à dire que
« l'homme est complètement entouré d'une somme de *forces*
« *radiantes*, tandis qu'il renferme en lui un capital, réserve e
« force vitale, de nature fluidique. »

« les théories officielles. Il n'en sera rien pendant
« longtemps encore. Chez beaucoup de personnes
« même des plus intelligentes, l'éducation a mis des
« œillères comme aux chevaux de voiture, et elles
« sont incapables de voir autre chose que l'étroite
« bande de route qui constitue la voie dans laquelle
« elles se sont engagées. »

CHAPITRE II

LES PHÉNOMÈNES PSYCHIQUES DE LA MORT.

Qui de nous n'a pensé à la mort, sinon avec crainte du moins avec mélancolie ? Cette destruction de notre être physique nous révolte et plonge souvent les malades dans une terreur noire.

Je plains sincèrement ceux qui s'imaginent que la mort est la fin de tout ; ils ont beau faire parade de leur prétendu stoïcisme, au fond, tous tremblent derrière leur masque d'impassibilité. Plus heureux sont les spiritualistes, à quelque croyance qu'ils appartiennent, car pour eux la mort n'est pour ainsi dire qu'un tunnel à passer, quelques moments dans l'ombre ou dans le rêve peut-être, et aussitôt après on renaît à la lumière et à une autre vie.

Les matérialistes n'y croient pas à cette survie, ils se donnent même un mal énorme pour nous prouver que la matière ne meurt pas, mais que l'intelligence disparaît et est annihilée. Ils n'arrivent qu'à nous prouver une seule chose, le néant de leurs propres négations.

Un américain, Jackson Davis, doué de dons psychiques puissants et d'une sorte de seconde vue que les Anglo-Américains appellent *clairvoyance,* a fait sur la mort un livre d'autant plus curieux que J. Davis avait des connaissances médicales.

Voici quelques extraits de son livre.

« La mort est une modification non de person-
« nalité, mais de constitution des principes élevés
« de l'être humain.

« Tout ce qui vit se transforme et *chaque trans-*
« *formation est accompagnée d'une mort appa-*
« *rente,* mais il n'y a jamais extinction de vie, ni
« destruction d'un principe matériel ou spirituel
« dans l'univers. Ainsi un germe quelconque qui est
« caché dans la terre est modifié et développé ; sa
« forme primitive et son mode d'existence *meurent,*
« mais après cette mort apparente, jaillit du germe
« une nouvelle organisation, autrement dit un nou-
« veau corps.

« Mes facultés de voyant, dit J. Davis, m'ont per-
« mis d'étudier le phénomène psychique et physio-
« logique de la mort, au chevet d'une mourante.

« C'était une dame d'environ soixante ans à
« laquelle j'avais donné souvent des conseils médi-
« caux. Quand l'heure de la mort arriva, j'étais
« fort heureusement *dans un état parfait de santé,*
« permettant à mes facultés de voyant de s'exer-
« cer librement. Je me plaçai de façon à n'être
« pas vu ou dérangé dans mes observations psy-
« chiques, et je me mis à étudier les mystérieux
« procédés de la mort.

« Je vis que l'organisation physique ne pouvait
« plus suffire aux nécessités du principe intellec-
« tuel, mais divers organes internes parurent ré-
« sister au départ de l'âme. Le système musculaire

« essayait de retenir les forces motrices. Le sys-
« tème vasculaire se débattait pour retenir le
« principe vital ; le système nerveux luttait de tout
« son pouvoir contre l'annihilation des sens physi-
« ques, et le système cérébral cherchait à retenir
« le principe intellectuel. Le corps et l'âme, comme
« deux époux, résistaient à leur séparation absolue.
« Ces conflits internes paraissaient d'abord pro-
« duire des sensations pénibles et troublantes,
« aussi fus-je heureux quand je m'aperçus que ces
« manifestations physiques indiquaient *non la dou-
« leur et le malaise,* mais simplement la sépara-
« tion de l'âme et de l'organisme.

« Peu après, la tête fut entourée d'une atmos-
« phère brillante ; puis tout d'un coup je vis le
« cerveau et le cervelet étendre leurs parties inté-
« rieures, et arrêter leurs fonctions galvaniques, ils
« devinrent saturés de principes vitaux d'électri-
« cité et de magnétisme, qui pénétrèrent dans les
« parties secondaires du corps. Autrement dit, le
« cerveau devint subitement dix fois plus prépon-
« dérant qu'il n'était durant l'état normal. Ce phé-
« nomène précède invariablement la dissolution
« physique.

« Ensuite je constatai le procédé par lequel l'âme
« ou l'esprit se détache du corps. Le cerveau attira
« à lui les éléments d'électricité, de magnétisme,
« de mouvement, de vie, de sensibilité répandus
« dans tout l'organisme. La tête fut comme illu-
« minée, et je remarquai qu'en même temps que
« les extrémités du corps devenaient froides et obs-
« cures, *le cerveau prenait un éclat particulier.*

« Autour de cette atmosphère fluidique qui en-

« tourait la tête, *je vis se former une autre tête,*
« qui se dessina de plus en plus nettement ; elle
« était si brillante que je pouvais à peine la fixer,
« mais à mesure que cette tête fluidique se con-
« densait, l'atmosphère brillante disparaissait. J'en
« déduisis que ces principes fluidiques qui avaient
« été attirés de toutes les parties du corps vers le
« cerveau, et alors éliminés sous forme d'atmos-
« phère particulière, étaient auparavant unis soli-
« dement, selon le principe supérieur d'affinité de
« l'univers qui se fait toujours sentir dans chaque
« parcelle de matière. Avec surprise et admiration,
« je suivis les phases du phénomène.

« De la même façon que la tête fluidique s'était
« dégagée du cerveau, je vis se former successi-
« vement le cou, les épaules, le torse, et enfin l'en-
« semble du corps fluidique. Il fut évident pour
« moi que les parties intellectuelles de l'être hu-
« main sont douées d'une affinité élective qui leur
« permet de se réunir au moment de la mort. Les
« difformités et défectuosités du corps physique,
« avaient presque entièrement disparu du corps
« fluidique.

« Pendant que ce phénomène spiritualiste se dé-
« veloppait devant mes facultés particulières, d'un
« autre côté pour les yeux matériels des personnes
« présentes dans la chambre, le corps de la mou-
« rante semblait éprouver des symptômes de ma-
« laise et de peine, mais ils étaient fictifs, car ils
« provenaient seulement du départ des forces vi-
« tales et intellectuelles se retirant de tout le corps
« pour se concentrer dans le cerveau, puis dans
« l'organisme nouveau.

« L'esprit (ou intelligence désincarnée) s'éleva à
« angle droit au-dessus de la tête du corps délaissé,
« mais avant la séparation finale du lien qui avait
« réuni si longtemps les parties matérielles et in-
« tellectuelles, je vis un courant d'électricité vitale
« se former sur la tête de la mourante et le bas du
« nouveau corps fluidique. Cela me donna la con-
« viction que la mort n'était qu'une *renaissance* de
« l'âme ou de l'esprit s'élevant d'un état inférieur
« à un état supérieur, et que la naissance d'un en-
« fant dans ce monde ou la formation d'un esprit
« dans l'autre étaient des faits identiques: rien
« n'y manque, pas même *le cordon ombilical qui*
« *était figuré par un lien d'électricité vitale.* Ce
« lien subsista pendant quelque temps entre les
« deux organismes. Je découvris alors ce dont je
« ne m'étais pas aperçu dans mes investigations
« psychiques, c'est qu'une petite partie du fluide
« vital retournait au corps matériel, aussitôt que le
« cordon ou lien électrique était brisé. Cet élé-
« ment fluidique ou électrique, en se répandant
« dans tout l'organisme, empêchait la dissolution
« immédiate du corps.

« *Il n'est pas prudent d'enterrer le corps avant*
« *que la décomposition n'ait commencé.* » Le cor-
« don ombilical fluidique dont j'ai parlé n'est sou-
« vent pas brisé encore. C'est ce qui arrive lorsque
« des personnes semblant mortes, reviennent à la
« vie au bout d'un ou deux jours et racontent leurs
« sensations. Cet état a été appelé léthargie, ca-
« talepsie, etc., mais quand l'esprit est arrêté au
« moment où il quitte le corps, le cerveau ne se
« souvient que rarement de ce qui s'est passé. Cet

« état d'inconscience peut sembler pareil à l'anni-
« hilation pour un observateur superficiel, et cet
« arrêt momentané de mémoire sert souvent d'ar-
« gument contre l'immortalité de l'âme.

« Aussitôt que l'âme de la personne que j'obser-
« vais fut dégagée des liens tenaces du corps, je
« constatai que son nouvel organisme fluidique
« était approprié à son nouvel état, mais que l'en-
« semble ressemblait à son apparence terrestre.

« Il me fut impossible de savoir ce qui se passait
« dans cette intelligence *revivante*, mais je remar-
« quai son calme, *et son étonnement de la douleur*
« *profonde de ceux qui pleuraient près de son*
« *corps*. Elle parut se rendre compte de leur igno-
« rance de ce qui s'était passé réellement.

« Les larmes et les lamentations excessives des
« parents ou amis ne proviennent que du point de
« vue faux où la majorité de l'humanité se place,
« c'est-à-dire à la croyance matérialiste que tout
« finit avec la mort du corps. Je puis affirmer par
« mes diverses expériences que si une personne
« meurt naturellement, l'âme n'éprouve aucune
« sensation pénible.

« La période de transformation que je viens de
« décrire dure *environ deux heures*, mais il n'en est
« pas de même pour tous les êtres humains. Si vous
« pouviez voir avec les yeux psychiques, vous aper-
« cevriez près du corps rigide une forme fluidique
« ayant la même apparence que l'être humain qui
« vient de mourir, mais cette forme est plus belle
« et comme animée d'une vie plus élevée. »

On peut croire ou ne pas croire à ce curieux
récit, il n'en est pas moins frappant. La grande

masse des sceptiques haussera les épaules, et J. Davis s'en doutait bien, car il ajoute que pour les matérialistes, ses observations sembleront les hallucinations méthodiques d'un cerveau surexcité. Or, n'oublions pas que J. Davis dit qu'il n'a voulu faire son expérience *qu'en état de parfaite santé;* de plus, les Anglais et les Américains ont toujours rendu justice à sa haute intelligence.

Les savants pourront traiter ces observations psychiques de rêveries ou prononcer pour la mille et unième fois le mot d'hallucination, ce vieux cliché qui a été aussi utile aux matérialistes que la lance d'Achille aux députés tout neufs à court de métaphores.

En 1891, *le Figaro* publia une curieuse expérience d'hypnotisme, ayant quelque rapport avec les observations de J. Davis.

Le peintre belge Wiertz qui était un sujet merveilleux, obtint la faveur de se cacher sous la guillotine (avec son ami le Docteur D...) le jour de l'exécution d'un condamné.

Le docteur D... endormit le peintre et lui dit de s'identifier avec le criminel, de suivre toutes ses pensées et ses sensations avant et après la décapitation.

Avant, Wiertz éprouva et dit les souffrances du supplicié.

Après, il s'écria : « Je vole dans l'espace, mais
« suis-je mort ! tout est-il fini ? Non, la souffrance ne
« peut durer toujours. Dieu est miséricordieux. Tout
« ce qui appartient à la terre s'efface, oh ! qu'on est
« bien là-haut ! »

Ne pourrait-on renouveler cette expérience mais

d'une façon moins sinistre ? Qu'on s'arrange à avoir un *sujet* en état profond d'hypnose dans la chambre d'une personne mourante, si les parents le permettent ; sinon, qu'on opère dans une salle ou chambre de maison de santé ou d'hôpital, au moment où on saura qu'un malade est mourant ou en état d'agonie. Peut-être aura-t-on des observations qui surprendront les expérimentateurs. On n'obtiendra certainement pas les mêmes résultats qu'avec un voyant ou un psychique puissant, mais il y a là, je crois, un vaste champ d'expériences curieuses.

M. J. Brown, l'Anglais d'Australie dont j'ai parlé déjà, cite un cas pareil à celui de J. Davis. Quand son fils mourut, la fille de M. Brown, alors âgée de seize ans, se tenait près du lit du malade et décrivit à son père la séparation entre l'âme et le corps, à peu près comme l'a décrite J. Davis dont elle n'avait jamais lu le livre, affirme M. Brown. « Est-il possible, « dit ce dernier, que dans un pareil moment, ma « fille ait essayé de nous tromper, et moi qu'aurais-« je à gagner à débiter un mensonge ? »

Le docteur Ciriax a fait dernièrement à Berlin une publication au sujet de la mort. Voici, en résumé, ce qu'il dit : « La façon dont la mort est décrite par « des centaines de voyants, prouve que l'âme ou l'es-« prit sort de son enveloppe mortelle par le crâne. « Ces voyants ont remarqué, qu'aussitôt après cette « sortie, un nuage vaporeux s'élève au-dessus de la « tête et, prenant la forme humaine, se condense peu « à peu et ressemble de plus en plus à la personne « morte. Quand ce corps fluidique est formé, il n'en « reste pas moins attaché pendant quelque temps à la « dépouille mortelle par un lien fluidique partant de

« la région intermédiaire entre le cœur et le cerveau.
« La mort par elle-même n'est rien, mais il y a des
« difficultés à mourir comme il y en a à naître. Quel-
« ques personnes ont la sensation de leur mort, d'au-
« tres pas ou très peu. Pour le plus grand nombre la
« mort est pareille à un songe produit par des nar-
« cotiques, c'est ce qui explique pourquoi, en se réveil-
« lant dans un autre monde, ils ne savent plus où
« ils sont. En mourant, l'être humain ne devient *ni
« meilleur ni pire*, c'est simplement une évolution
« supérieure découlant de lois primordiales [1]. »

Voici ce que dit le docteur Carl du Prel, de Munich : « La mort éteint le corps matériel et réveille le
« corps astral (ou psychique). Chez les Gaulois, les
« druides affirmaient que l'âme se revêtait *d'un
« corps nouveau.* »

En 1890, le professeur F.-H. Myers disait : « Il n'est
« plus permis à la science d'ignorer le problème
« de la survie, ni à la philosophie d'avoir la préten-
« tion de le résoudre. Ce qu'il faut maintenant c'est
« une recherche impartiale des preuves de la survi-
« vance de l'homme après la mort, comme on a étu-
« dié les indications que l'homme pouvait, jusqu'à un
« certain point, descendre de l'animal. » Un travail
de ce genre a été lu par M. Myers au Congrès psychique de Chicago.

Pour le moment, la grande majorité des indifférents met la question de côté, parce que ces indifférents sont absorbés par la lutte pour la vie, ou

---

1. Divers désincarnés ont fait cette curieuse déclaration : « Les
« tombeaux qui vous impressionnent tant, ne sont pour nous que
« les armoires où se trouvent nos vieux vêtements. »

fatigués de méditer sur l'au-delà, et n'ayant pas eu de preuves leur suffisant, ils se résignent à faire une fin quelconque.

Les plus heureux sont ceux qui ont eu ces preuves, mais il n'est pas donné à tout le monde de les obtenir... du moins pour le moment. Plus tard, à mesure que la science psychique progressera, ces preuves deviendront de plus en plus évidentes et ne seront plus discutées. La mort ne sera pas alors un épouvantail, et qui sait si, au lieu de se lamenter, on ne se réjouira pas de l'heureuse délivrance du pauvre incarné. Après avoir reconnu l'évolution matérielle, on admettra l'évolution intellectuelle ou psychique qui en est le corollaire.

La survie est un fait strictement d'accord avec le principe de continuité qui a été la base et le guide de tout le progrès scientifique moderne. L'indestructibilité de l'intelligence est aussi certaine que celle de la matière. Il serait absolument illogique de supposer que les parties les plus vulgaires puissent persister, et les plus élevées périr [1].

Pline déclare que la mort est le meilleur moment de la vie, ce qui est un peu paradoxal ou peut-être très profond. En tout cas, je préfère ce qu'en pensait mon confrère Albert Delpit :

> La vie est un mauvais rêve,
> Dont on s'éveille à la mort.

Poésie, dira-t-on ! Intuition ou pressentiment, répondrai-je !

---

1. Quant à croire, comme certains matérialistes, que l'intelligence ne périt pas, mais qu'elle est désintégrée comme la matière, cela me semble inadmissible, car c'est la négation de l'individualité.

CHAPITRE III

FANTÔMES DES VIVANTS ET DES MORTS.

Les histoires de fantômes ont toujours été considérées comme des choses ridicules ou puériles. L'imagination, la maladie, la fraude, les mauvaises plaisanteries, tout a été mis en avant pour expliquer un phénomène si réel et si peu rare, qu'on en trouve des traces dans l'histoire de tous les peuples, même les plus civilisés.

Selon la tradition populaire, les fantômes disparaissent avec le jour qui les fait fuir comme de simples hiboux. On verra combien cette assertion est fausse, car, dans bien des cas, le fantôme parait en plein jour.

Le Société des recherches psychiques de Londres a porté un coup terrible à cette tradition populaire en réunissant un nombre énorme d'apparitions de fantômes, attestées d'une façon indiscutable avec témoignages et contre-témoignages. Ce travail a été publié sous le nom de *Phantasms of Livings, Fantômes des vivants*, et traduit sous le titre dénaturé d'*Hallucinations télépathiques*. Pourquoi ce déguisement, on en trouvera les raisons dans la remarquable préface que le docteur Charles Richet a écrite pour ce livre, et dont je vais citer quelques passages suggestifs.

« Il y a des vérités nouvelles, et quelque étran-
« ges qu'elles paraissent à notre routine, elles se-
« ront un jour scientifiquement démontrées.

« Ces phénomènes sont difficiles à admettre,
« parce que nous avons peur de ce qui est nouveau,
« parce que nous ne voulons pas être dérangés
« dans notre paresseuse quiétude par une révolu-
« tion scientifique qui troublerait les idées banales
« et les données officielles. »

La science officielle de notre époque est battue en brèche par la poussée spiritualiste qui éclate de tous côtés; elle ne sait plus à quel saint se vouer, ladite science, et dans son désespoir, elle s'est consacrée à sainte Routine qu'elle adore avec onction.

« Dans quatre siècles, en 2290, dit Charles Richet,
« nos arrière-petits-neveux seront stupéfaits de
« notre ignorance d'aujourd'hui, et plus stupéfaits
« encore de notre présomption à nier sans examen
« ce que nous ne comprenons pas. *C'est la pre-*
« *mière fois qu'on ose étudier scientifiquement le*
« *lendemain de la mort. Qui donc osera dire sans*
« *avoir lu ce livre, que c'est une folie ?* »

J'engage beaucoup toute personne non rivée à la routine officielle, à lire ce curieux livre dont on ne nous a donné qu'un abrégé. On y verra que bien des fois *les vivants apparaissent comme les morts.* En voici quelques exemples :

1º Mme Parker, de Brighton, voit une personne se tenant près de son mari et lui parlant. Au même moment le docteur de M. Parker éprouve la sensation qu'il est auprès de son client. *Les deux récits sont absolument concordants*, c'est ce qui rend le cas si frappant ;

2° Mme Moberly et une de ses amies voient un monsieur entrer dans leur jardin ; *toutes deux le reconnaissent, le saluent* (détail caractéristique) et attendent qu'il entre, mais en vain. Elles apprirent ensuite que ce monsieur avait dû venir les voir et en avait été empêché.

Il est inadmissible que les deux dames aient été hallucinées en même temps, et toutes deux en reconnaissant la même personne au même moment.

3° M. Jervons voit un ami marcher devant sa maison, et comme il regardait du côté de la fenêtre, M. Jervons lui fit un signe de la main. Étant sorti aussitôt pour rejoindre son ami, il fut très étonné de ne plus le voir. *L'ami était très malade et n'avait pas bougé de chez lui* ;

4° La femme du docteur Buchanan et trois autres dames voient miss W** ouvrir la porte de la maison et entrer dans la cour. Plus tard, ces dames apprirent que miss W** attendait en ce moment la voiture qui devait l'amener ; *elle était habillée exactement comme on l'avait vue.*

Cette fois ce ne sont pas deux personnes mais *quatre personnes qui voient, en même temps, le fantôme, et habillé comme son double vivant.*

Je pourrais citer beaucoup de cas du même genre prouvant que le corps psychique d'un être humain peut s'extérioriser dans certaines circonstances.

Les cas, au nombre de quinze cents, recueillis par la Société des recherches psychiques n'en sont que plus curieux.

Le professeur F.-H. Myers, l'un des auteurs du livre *Fantômes des vivants*, a publié dans les bulletins de la Société des recherches psychiques, deux articles qui sont le corollaire de ses intéressantes recherches : l'un sur les apparitions reconnues plus d'un an après la mort ; l'autre sur des indications de connaissances terrestres de la part des fantômes des morts.

Dans son premier article, M. Myers remarque que ces apparitions sont de plus en plus rares, à mesure que l'époque de la mort devient lointaine.

Pour ma part, je crois que plus l'être désincarné s'éloigne de la terre ou en est éloigné, plus il doit perdre le souvenir de ce qu'il y a fait, ou du moins s'y intéresser fort peu. Si on veut avoir une sensation probable de ce qui doit se passer lorsque l'âme dégagée du corps s'élève dans l'espace, montez en ballon, et même dans un ballon captif ; à mesure que vous vous éloignerez de la terre, vous vous sentirez comme en dehors de ses préoccupations. Même à 200 mètres de hauteur, les hommes ont l'air de fourmis ; comme ils doivent vous être indifférents lorsqu'on se trouve à des centaines ou des milliers de lieues !

L'espace est-il le lieu de séjour des âmes désincarnées ? C'est la théorie spirite et elle n'a rien d'improbable, car l'espace est évidemment aussi peuplé d'êtres vivants que l'eau l'est par les infusoires qu'on ne voit pas, mais qui n'en existent pas moins.

Un écrivain anglais a même émis une opinion assez originale et nullement inadmissible au sujet de l'espace, il dit *que notre conception de l'infini est peut-être erronée et que les lignes que nous croyons droites sont peut-être courbes.*

À l'appui de cette curieuse hypothèse, on peut remarquer qu'un boulet qu'on lance, qu'une balle qu'on tire ne frappent pas en ligne droite, mais après avoir suivi une courbe, souvent pas très perceptible mais très réelle. Même une route qu'on croit faite en ligne droite, est en réalité en ligne courbe, puisque la terre est ronde. Tout le mouvement des planètes se fait par lignes courbes, et le cercle étant la forme parfaite par excellence, c'est probablement pour cette raison, que les anciens représentaient l'infini par un serpent courbé en cercle.

Revenons à M. Myers ; dans son second article il fait de très curieuses observations sur les *apparitions véridiques* dont il a eu maintes preuves, *et qu'il se garde bien d'appeler hallucinations.*

« Quel que soit un fantôme, dit-il, c'est un des
« phénomènes les plus complexes de la nature ;
« mais, il se croit engagé d'honneur à regarder en
« face les énormes difficultés provenant de l'idée de
« rapports, entre les intelligences incarnées et les
« désincarnées.

« Nous n'avons, continue-t-il, que des fragments
« de renseignements à ce sujet, mais ils n'en sont
« pas moins curieux.

« Jusqu'à quel point les fantômes des morts indi-
« quent-ils une connaissance de faits terrestres, qu'ils
« ignoraient lors de leur séjour sur la terre ? »

M. Myers répond à cette question en fournissant une grande quantité de cas appuyant ses recherches :

« 1° Les cas où le fantôme ne donne aucune indi-
« cation s'il sait ou ignore ce qui s'est passé sur la
« terre depuis sa mort ;

« 2° Le fantôme indique sa connaissance de ce qui
« est arrivé sur la terre, et cela à différents degrés,
« depuis la répétition de quelque scène ayant suivi
« de près la mort, jusqu'à la compréhension de cir-
« constances complexes, et même jusqu'au pouvoir
« de prédire des événements à venir. »

Les cas cités par M. Myers sont d'autant plus intéressants que *ceux ou celles qui ont vu les apparitions n'ont jamais eu la moindre hallucination, et
ne sont pas spirites ;* deux mauvais prétextes dont
se servent généralement les sceptiques pour expliquer ce qui leur paraît surnaturel, et ce qui n'est en
réalité qu'anormal quoique très naturel ; car il y a
eu des apparitions dans tous les pays, et dans tous
les temps.

Voici un cas entre cent autres :

En 1889, lady Gore descendait un escalier de sa
maison avec son plus jeune frère, lorsque celui-ci
qui était en avant s'écria : « Tiens, voilà John Blaney » (c'était un jeune homme qui vivait à une certaine distance, et que lady Gore avait employé
jadis). Cette dame ayant demandé à sa femme de
chambre pourquoi J. Blaney était venu les voir,
celle-ci répondit d'un air surpris : « *Vous ne savez
donc pas qu'il est mort ce matin ?* » Plus tard, lady
Gore apprit que J. Blaney était mort environ deux
heures avant le moment où son frère l'avait vu. *Ce
frère était un individu très positif, et qui n'a
jamais eu la moindre hallucination.* M. Myers
remarque, qu'à moins d'expliquer cette apparition

par une impression télépathique projetée au moment de la mort, on peut penser que quelque chose du mort ou venant du mort est retourné à l'endroit où il avait longtemps servi. L'explication bien plus nette, c'est que le corps psychique de J. Blaney s'est dégagé très vite, et est retourné à l'endroit où il avait vécu longtemps. La télépathie peut produire bien des phénomènes, mais je ne crois à ses effets qu'entre personnes vivantes.

Autre cas : M. W. Quint que la Société des recherches psychiques considère comme digne de foi, a constaté le fait suivant : En 1891, il n'avait pu aller à l'enterrement du frère de sa femme. Ayant dit à cette dernière qu'il avait vu son frère Frank, mais habillé d'une chemise très épaisse et grande ouverte, Mme Quint dit à son mari que c'était de cette façon que son frère avait été enterré, *ce que M. Quint ignorait complètement.*

Un jour en visitant un nouvel ami, M. Quint vit tout d'un coup apparaître dans un coin de la chambre, trois figures qu'il décrivit à son ami; ce dernier les reconnut pour être sa femme, sa fille et sa mère que M. Quint n'avait jamais aperçues une seule fois de leur vivant.

Certaines apparitions, dit le professeur Myers, précèdent presque toujours l'annonce de la mort ou la lettre qui en donne avis.

Voici maintenant l'opinion du professeur Elliott Coues qui a été président du Congrès psychique de Chicago : « Je ne crois pas aux fantômes, *selon le*
« *sens populaire du mot*, parce qu'il est aussi loin
« que possible de la conception scientifique d'une
« apparition. D'après mes propres observations, je

« pense que certaines personnes décédées peuvent
« se rendre perceptibles à notre vue, mais pour cer-
« tains buts déterminés. L'histoire religieuse et
« l'histoire générale abondent en cas de ce genre.
« Je crois aux fantômes, parce qu'il y a en nous une
« individualité intérieure dont nous ne nous rendons
« pas toujours compte : cette individualité que j'ap-
« pellerai l'âme (parce que c'est le mot le plus
« répandu) reçoit très peu ou pas du tout le contre-
« coup de la condition physique qui l'entoure. Cette
« individualité intérieure ne paraît pas sujette à la
« loi de gravitation, que nous savons être univer-
« selle dans le monde physique : son existence ne
« dépend pas du corps qu'elle habite, car cette indi-
« vidualité est indépendante des combinaisons chi-
« miques qui forment notre corps. Rien ne s'oppose
« à la croyance que l'âme a existé avant le corps
« qu'elle habite, et il n'y a pas de raison « *à priori* »
« pour nier qu'elle puisse survivre à la dissolution
« du corps.

« La question de savoir si l'âme peut se manifester
« après la mort dépend des preuves ; *elles sont nom-*
« *breuses, concluantes,* et, selon les lois ordinaires
« des témoignages humains, suffiraient pour établir
« les faits devant n'importe quel tribunal.

« De si nombreux cas d'apparitions après la mort
« ont été examinés dans tous les sens (avec con-
« trôle de divers témoins) par les sociétés de recher-
« ches psychiques d'Amérique et d'Angleterre, que,
« selon moi, la réalité des apparitions me semble
« établie d'une façon positive.

« Maintenant, quelle différence y a-t-il entre les
« fantômes des légendes et les fantômes réels ? En

« écartant de la question les simples hallucinations
« subjectives qui ont dû former la plupart des fan-
« tômes populaires [1], je crois que les réelles appari-
« tions « *post mortem* » viennent du corps psychique
« d'un décédé, conservant sa conscience de la même
« façon que le corps physique conserve sa vitalité.

« De même qu'avec l'œil matériel, nous ne voyons
« que les corps de nos semblables, de même le
« corps psychique ne peut être vu que par le sens
« psychique de certaines personnes. Ce sens parti-
« culier ne se manifestant que rarement chez les
« êtres incarnés, les réelles apparitions sont très
« rares, et c'est pour cela que tant de gens les
« nient.

« Souvent, avant une apparition, des personnes
« ont dit qu'elles éprouvaient une sensation de froid.
« Cet abaissement de la température du corps est
« un symptôme de son état magnétique, durant
« lequel le sens psychique est développé de façon à
« percevoir d'une façon consciente une chose ordi-
« nairement invisible.

« Nos sens matériels ne voient que des formes
« tangibles de la matière, mais nous savons main-
« tenant qu'il en existe d'autres plus raréfiées et
« plus affinées. Ce sont ces éléments de matière
« subtile qui composent très probablement le corps
« psychique.

« *Contrairement aux expériences de la science*
« *physique, les expériences psychiques ne peuvent*

---

1. Je ne partage pas entièrement cette opinion, car je ne vois pas pourquoi les fantômes populaires ne seraient pas objectifs comme les autres, à part quelques exceptions.

« *être produites à volonté, et par conséquent échap-*
« *pent aux procédés habituels de vérification.* »

La réalité des fantômes ne fait plus de doute pour les chercheurs sérieux, mais néanmoins ce mot de fantôme fait sourire tout matérialiste qui se respecte ; ce qu'il daigne seulement vous accorder, c'est que ces faits ne sont que des hallucinations.

Voici à ce sujet ce qu'a dit M. Guymiot, un occultiste doublé d'un humoriste :

« Si ceux qui ne voient pas les objets normale-
« ment invisibles, admettaient que ceux qui les
« voient, perçoivent des objets réels, ils confesse-
« raient par là que leur faculté de voir n'est pas la
« perfection même, or c'est ce qu'ils ne peuvent
« admettre à aucun prix.

« Il est évident pour eux, que si l'on voit des
« choses invisibles à sa vue ordinaire, c'est qu'on
« doit être possesseur d'un organisme détraqué.
« Que restait-il à faire ?.. Trouver un nom pour éti-
« queter ce détraquement ou cette maladie. On
« trouva le mot *hallucination* et l'affaire fut réglée.
« Les voyants ou sensitifs n'ont pas autre chose à
« faire qu'à se considérer comme malades ou déshé-
« rités de la nature, et à reconnaître que toute leur
« utilité sociale consiste à fournir des moyens de
« gagner leur vie à des gens qui ont l'avantage de
« ne voir que des objets visibles, et qui de plus se
« sont arrogés le droit de guérir le genre humain de
« maladies qu'il n'a pas.

« Les phénomènes de vision perçus par ceux
« qu'on qualifie d'hallucinés sont des faits, or un
« fait de vision ne peut exister sans deux condi-
« tions : l'appareil de vision et l'objet perçu. Si l'ap-

« pareil fonctionne régulièrement (et c'est facile à
« constater), il sera évident qu'il doit fonctionner
« non moins régulièrement, si à côté des objets
« invisibles il perçoit les objets visibles de la même
« façon que tout le monde. Pourquoi le fonctionne-
« ment serait-il régulier dans un cas et pas dans
« l'autre. La seule raison qu'on en puisse donner,
« c'est l'amour propre des gens à vision ordinaire.
« Si le voyant ou sensitif perçoit des objets invisibles
« aux autres, c'est que son appareil visuel est sen-
« sible à certains états de vibrations lumineuses,
« auxquelles sont insensibles les yeux du commun
« des hommes. »

Il est temps d'en finir avec ce mot d'hallucination qui peut s'appliquer à la rigueur à l'aberration des sens chez des malades, des hystériques ou des fous, mais qui n'a plus de sens lorsqu'il s'agit de personnes *à l'état normal, en bonne santé*, et n'ayant jamais eu l'ombre d'une hallucination. Quand une de ces personnes voit une apparition corroborée par des faits et des contre-témoignages concordant ensemble, il y a là un phénomène précis qu'il faut expliquer autrement. On a mis en avant la télépathie, mais, comme l'a dit le professeur F. Myers, *cette explication est insuffisante dans bien des cas*. Quand un individu voit apparaître une personne qu'il a connue de son vivant, on peut supposer que c'est une vision subjective, mais dans le livre d'Oxon et dans celui de *Fantômes des vivants*, il y a des centaines de cas, où des individus (hommes ou femmes) voient le fantôme d'une personne qu'ils n'ont jamais ni vue ni connue, et avec tous les détails caractéristiques de la personne décédée. Dans la traduction de *Phan-*

tasms of Livings, on appelle ces cas *hallucinations véridiques,* deux mots qui hurlent d'être ensemble ; car, selon les savants, dans une hallucination on voit ce qui n'est pas, on prend des vessies pour des becs de gaz, du poivre pour du sucre, un imbécile pour un homme d'esprit, etc. Bref l'hallucination étant une impression essentiellement fausse, elle ne peut pas logiquement être véridique. Autant dire qu'une chose peut être à la fois blanche ou noire, ou parler d'un mourant en très bonne santé.

Il eût été infiniment plus exact de désigner ce genre de phénomènes sous le nom de *visions,* ou *d'apparitions véridiques.* C'est si juste que, dans son article sur *les Fantômes des morts* (1890), M. F.-H. Myers dit ceci :

« Je crois que le monde sera convaincu ultérieu-
« rement des *apparitions véridiques,* comme il a
« été convaincu de l'existence des météorites. On
« rejetait ces derniers avec mépris, tant que ce
« phénomène si merveilleux n'était appuyé que par
« les traditions anciennes et les histoires des pay-
« sans. Puis vint un moment (comme celui où nous
« sommes) où des chercheurs s'assurèrent de la réa-
« lité du fait, et alors on accepta le phénomène
« comme extraordinaire mais indéniable. »

Quant à l'explication télépathique des phénomènes, voici ce qu'en dit M. F.-H. Myers : « Nous com-
« mençons à nous apercevoir combien nos preuves
« de télépathie entre les vivants sont intimement
« liées avec la télépathie entre les vivants et les
« morts, mais on craint de s'en occuper de peur
« d'être accusé de *mysticisme.* »

C'est ce qui arrive à Paris, où toute personne

s'occupant des questions non surnaturelles mais *super-naturelles*, est immédiatement soupçonnée d'être une personnalité mystique, plus en contemplation devant les anges du ciel que ceux de la terre. Ce qui est évidemment un tort au point de vue mondain.

M. F. Myers ajoute ces lignes caractéristiques : « Il me semble peu raisonnable de considérer la télépathie comme la seule explication possible des *Fantômes des morts*. M. Podmore [1] en prend à son aise avec la télépathie, et en tire des conséquences hypothétiques que l'expérience ne nous permet pas d'admettre. »

Depuis la mort de M. Gurney (une haute intelligence) le professeur F.-H. Myers s'occupe seul de ces études sur les fantômes et les apparitions avant et après la mort, et il aura la gloire, lui et son ami Gurney, d'avoir prouvé aussi scientifiquement que possible la réalité des fantômes, ce que les matérialistes ne veulent pas admettre [2], parce que rien n'est plus gênant qu'un fantôme pour leurs théories surannées. Quant à M. Podmore leur ex-associé, on lui

---

1. M. Podmore a collaboré au livre de *Phantasms of Livings* avec MM. Gurney et Myers, mais il est atteint de *télépathisme aigu* et en voit là où il n'y en a pas l'ombre. Il croit plus aux fantômes des vivants qu'à ceux des morts, ce qui est illogique, car on ne peut pas admettre le premier phénomène sans admettre l'autre. Dans les deux cas, c'est le corps psychique qui agit.

2. Un de nos plus célèbres matérialistes disait à Jules Bois (qui a beaucoup écrit sur l'occultisme) : Vous êtes un mystique, moi je me moque pas mal de votre *au delà* ! Si un médecin annonçait à ce matérialiste qu'il n'a plus que douze ou même six heures à vivre, je crois que son cerveau deviendrait le siège de réflexions des plus urgentes sur l'au delà.

reprochera d'avoir cherché à démolir de ses propres mains le monument psychique auquel il avait travaillé avec ses deux amis. Dans un article où il racontait son point de vue personnel sur les fantômes des morts, je n'ai trouvé qu'une série de lieux communs que M. F.-H. Myers n'a pas eu de peine à réfuter victorieusement dans un second article qui était la contre-partie exacte de l'autre. Cela prouve que, pour ce livre, M. Podmore n'a été que la mouche du coche.

En fait de fantômes, dit Oxon (S. Mosès), le premier cas prouve peu de chose, le second un peu plus, le troisième davantage, ainsi de suite, et si à cela des expérimentateurs sérieux ajoutent des centaines de cas où les soi-disant morts ont prouvé leur survie, les raisons d'y croire vont toujours en augmentant.

CHAPITRE IV

I

LA TÉLÉPLASTIE (OU MATÉRIALISATION).

Me voici arrivé aux chapitres les plus difficiles et les plus délicats de mon livre.

Comment faire comprendre et surtout admettre des phénomènes aussi stupéfiants que ceux que je vais étudier ? Nous sommes dans le fantastique jusqu'au cou, et tous les faits que je constaterai sont tellement en dehors des idées reçues et des choses connues, que le lecteur pourra se demander s'il n'a pas affaire à un pur fantaisiste ou à un amateur de paradoxes transcendants.

Il ne s'agit plus de fantômes comme ceux que MM. Gurney et F. Myers ont étudiés avec tant de soin et de patience. Cette fois, nous nous trouvons en face de formes *simili-humaines* se produisant dans des conditions où toute théorie de fraude, de prestidigitation ou d'hallucination n'est pas soutenable.

Les faits sont tellement nombreux et les témoignages si sérieux, que tôt ou tard il faudra que la science s'en occupe. En Amérique, en Angleterre, en Allemagne, en Autriche, en Russie, etc., divers savants ou écrivains ont étudié ces phénomènes étranges ; mais en France, sauf de rares personnes, on ignore ce que c'est que la matérialisation.

Notre éducation, nos idées, nos préjugés, tout nous éloigne de ces phénomènes qui semblent invraisemblables parce qu'ils sont peu connus. Le sentier battu est si commode à parcourir, et les préjugés si difficiles à déraciner, qu'on préfère s'en tenir à ce qu'on sait, dût-on jouer le rôle du Dieu *Terme* chez les Romains.

Le mot de *téléplastie* a été employé pour la première fois *au congrès psychique de Chicago*. Il a été appliqué par le professeur E. Coues à une certaine classe de phénomènes désignée jusqu'ici sous le nom de *matérialisation*. Ces phénomènes étaient bien connus dans l'antiquité, *du moins des initiés des temples* (en Égypte, dans la Chaldée, dans l'Inde, etc.) et même des Rose-Croix ou de quelques autres sociétés secrètes. Il y a fort peu de temps, trente ou trente-cinq ans, que ces phénomènes ont pu se reproduire. Pourquoi pas plus tôt dira-t-on ? Les raisons en sont très délicates à expliquer, et il est préférable, je crois, de s'abstenir.

En ce moment, les conditions sont favorables ; mais rien ne prouve qu'il n'y aura pas un temps d'arrêt, comme cela est arrivé déjà.

Ces curieux phénomènes ne sont pas faciles à étudier, car ils ne peuvent s'obtenir qu'à l'aide de médiums spéciaux, ayant un organisme d'un genre particulier. Leurs corps *physiques* étant mal agrégés avec leurs corps *psychiques*, ils peuvent se détacher très facilement et former des apparitions de morts. Lorsqu'une apparition matérialisée prend la forme, la figure et même la voix de parents ou d'amis décédés, sept fois sur douze, c'est le corps psychique du médium qui sort de lui; puis, au moyen de cette sorte d'enveloppe semi-matérielle, l'intelligence désincarnée, parent ou ami, *s'incarne* momentanément dans ce corps psychique et paraît, d'une façon visible et tangible, avec tous les traits et les points caractéristiques qui permettent à un être terrestre de les reconnaître.

Cela peut sembler invraisemblable, impossible, fantasmagorique, et pourtant *cela est*.

Des philosophes, des écrivains, des savants se sont occupés de ces phénomènes, et on doit admirer ceux qui, comme W. Crookes, R. Wallace, Oxon, Aksakoff, E. Coues, de Bodisco, Hellenbach, Donald, Mac-Nab, etc., ont eu le courage de constater ce qu'ils avaient étudié.

Ce qu'on ne doit pas perdre de vue, c'est que ces *formes matérialisées* ne sont que des *simulacres de corps,* et non des corps réels comme les nôtres, autrement ils ne pourraient pas se dissoudre aussi facilement.

On peut les considérer comme des fantômes de matière astrale condensée.

Au toucher, ils présentent en partie les apparences du corps humain, mais quelquefois l'os du bras manque; la tête n'est souvent qu'imparfaitement formée, et la figure seule est visible.

Ces phénomènes sont d'un genre très complexe, et il y a encore des points bien obscurs. J'ai été longtemps incrédule à leur sujet, tant ils me paraissaient fabuleux, mais quand on a eu, comme moi, sous les yeux un nombre aussi considérable de documents venant de savants comme W. Crookes et Russel Wallace [1], ou de personnes comme R. Dale Owen, Aksakoff, le baron Hellenbach, et de tant d'autres, artistes, docteurs, révérends, professeurs, etc., on ne peut plus douter des faits, on doit les examiner et les discuter d'une façon indépendante.

Un point important, c'est de ne pas s'imaginer que les formes matérialisées représentant des parents ou des amis sont toujours ces parents ou amis morts ayant pris un corps quelconque pour se montrer à nous. En réalité le phénomène est, je crois, beaucoup plus compliqué. Voici les divers cas qui se présentent :

1° L'intelligence désincarnée peut se servir du corps psychique du médium pour imiter toute forme qu'il lui plaît de faire paraître. Souvent ce n'est qu'une tête ou un buste, d'autres fois c'est un corps entier, mais semblant voilé et immatériel. Ce sont comme des *peintures psychiques* mais *animées*. L'œil est vivant et vous regarde intelligemment ;

2° La forme matérialisée a toutes les apparences du corps humain, elle est tangible et résistante au toucher, mais impassible comme une statue. C'est pour ainsi dire de *la sculpture psychique ;*

3° La forme matérialisée a toutes les apparences du corps humain (sans en avoir la densité) ; elle marche, elle parle (quelquefois difficilement), elle exprime la joie ou la tristesse et semble aussi vivante qu'un être humain. *C'est l'imitation presque complète du corps humain.* Si invraisemblable que

---

1. Tous deux m'ont permis de publier leurs lettres particulières et je les en remercie ici publiquement.

cela paraisse, ce fait a été constaté tant de fois et par tant de gens, dans tous les pays, qu'il faut bien les admettre.

Les incrédules de tous genres peuvent sourire ou hausser les épaules, cela n'empêchera pas les faits d'exister. Rien n'est plus brutal qu'un fait, a dit Broussais, et tous les curieux exemples que je citerai prouveront, à n'en pas douter, qu'il y a là autre chose qu'une affaire d'imagination.

La science dit que l'atmosphère tient en solution presque tous les éléments de la terre, et que si on les condense ils peuvent ressembler à ces éléments terrestres, quoiqu'ils existent à l'état dilué. De solides substances se changent en vapeurs, et des vapeurs en substances solides. La glace, par exemple, se change en eau, puis en vapeur, et réciproquement. C'est ce qui forme la base de la matérialisation, elle se manifeste par une sorte de nuage qui grossit, se condense peu à peu et prend ensuite la forme humaine. Quand le travail de création est complet, un *simili être humain* se présente devant vous, et selon la force psychique qu'il possède (ou qu'il peut emprunter au médium) il demeure plus ou moins condensé. Si la force psychique manque, la forme se dématérialise peu à peu et reprend son premier état nuageux ou éthéré, puis disparaît soit complètement soit par parties. Quelquefois le corps devient invisible, et la tête seule reste suspendue dans l'espace.

C'est le phénomène le plus terriblement émouvant qu'on puisse voir, et toute personne qui a eu le bonheur d'assister à une manifestation de ce genre, y trouve son chemin de Damas.

Je sais parfaitement qu'on peut imiter ce phénomène, comme tous les autres, et des Yankees, gens pratiques, ont gagné beaucoup d'argent en faisant de fausses matérialisations, avec des masques, des barbes postiches et des lampes d'huile phosphorée. Tant pis pour les gens assez crédules qui versent leur argent à ces exploiteurs d'un nouveau genre. Règle générale, ces duperies n'ont lieu que dans les séances données par des médiums publics. Tout se passe dans l'obscurité, et avant la séance, les faux médiums ont soin de faire signer par les gogos un engagement de ne pas bouger de leur place. Dans ces conditions, on peut tromper presque impunément; pourtant si une personne moins crédule rompt le pacte et projette une lumière subite sur la soi-disant forme, on voit le faux médium en train de jouer sa triste comédie, et le lendemain il ne lui reste plus qu'à disparaître du pays. Prenez vos précautions contre les faux médiums, comme on doit en prendre avec tous ceux qui vendent du faux pour du vrai.

Au contraire, quand une expérience a lieu chez un particulier, avec une légère lumière permettant de voir les assistants et la forme matérialisée, elle se présente alors dans des conditions inoubliables pour ceux qui ont eu le privilège de voir un tel phénomène. Il n'a rien de miraculeux, mais il est absolument anormal et se produit rarement.

La matérialisation est pour ainsi dire une sorte de *réincarnation momentanée*; l'intelligence âme ou esprit du décédé rentre pendant quelque temps dans une forme quasi matérielle, créée avec le corps psychique du médium d'une part, et des éléments matériels empruntés aux assistants. Aussi, chaque séance de matérialisation fatigue considérablement les médiums de ce genre, et c'est leur force vitale qui s'épuise à chaque expérience. Ces médiums possèdent une sorte de pouvoir psychico-dynamique dont se servent les intelligences supérieures qui dirigent ces phénomènes. De même que le corps s'assimile des parcelles vitales pour soutenir la structure physique, de même l'esprit désincarné attire à lui grâce au médium les substances et les forces nécessaires pour modeler des images, des sculptures, ou des formes semi-vivantes d'êtres décédés. Cependant la moindre opposition magnétique ou une volonté formellement contraire peuvent arrêter le courant fluidique et troubler ou retarder le phénomène. Les atomes vitaux qui servent à produire la matérialisation sont d'une ténuité et d'une sensibilité extrêmes, de là proviennent les variations dans les résultats. Quand les conditions sont favorables, la forme complète se dégage; quand les conditions sont imparfaites, on n'obtient que des résultats partiels ou incomplets. C'est un procédé de formation fluidique extrêmement délicat, et s'il est interrompu pour une cause quelconque, il se passe ce qui se passerait chez un photographe ou chez un chimiste, si on interrompait l'opération commencée.

Cette substance que les intelligences désincarnées emploient pour produire des formes matérialisées est aussi sensible que la plaque du photographe, mais d'une nature autrement supérieure, car elle forme le lien primordial qui relie la matière à l'intelligence.

Ces formes sont-elles de pures images? Quelquefois seulement. Si la forme n'est que fluidique, quoiqu'elle ait la physionomie d'un parent ou d'un ami, ce n'est que son image vivante. Si la forme est suffisamment condensée, elle a tous les côtés caractéristiques du désincarné qu'elle représente, et c'est par là, comme par ses côtés intellectuels qu'elle se fait reconnaître. Ce n'est plus une simple image c'est un *simili être humain* qui marche, parle, sourit, et même écrit, laissant ainsi des preuves tangibles de sa réalité!

Je crois que le phénomène de la matérialisation touche de bien près au problème de la création de l'homme. Et c'est peut-être pour cette raison que ces formes matérialisées, quand on les interroge, ou ne savent pas comment elles se matérialisent ou disent qu'il leur est défendu de parler. Les intelligences supérieures qui produisent ces effets si étranges, sont plus près que nous des sources de la vie organique et de la constitution atomique de l'univers. Elles manient les forces astrales, comme nous manions n'importe quel composé chimique, et comme le sculpteur pétrit et modèle la terre glaise.

La base de la matérialisation est que certains atomes, séparément invisibles, sont rendus visibles par leur réunion et peuvent alors imiter le corps humain avec tous ses attributs momentanés, car *la matérialisation permanente est un fait absolument impossible.* Au bout d'un temps plus ou moins long, la forme doit être désintégrée et décomposée, afin de rendre au médium et aux personnes présentes les parcelles de fluide vital qui leur ont été empruntées. Mais le but a été atteint, et on a la preuve palpable de la survie.

Quand c'est un parent ou un ami qu'on revoit, il est touchant de constater que c'est avec peine qu'il se sépare de vous, *quoique sachant très bien que ses instants de vie momentanée sont comptés* ; mais un pouvoir supérieur l'avertit, et, ses forces fluidiques diminuant, la forme disparaît.

Certaines de ces formes ont été *photographiées*, ce qui détruit le système si commode de l'hallucination, car la plaque sensible, dénuée de préjugés scientifiques, *ne reproduirait rien s'il n'y avait rien*.

Comme preuve frappante que ce n'est ni impossible ni surnaturel, je ne saurais trop insister sur ce fait que *la plaque sensible voit même ce que ne voit pas l'œil humain*, car elle photographie une étoile invisible pour les astronomes.

Quelquefois, certaines de ces formes matérialisées ont laissé comme souvenir, un bout de draperie ou une boucle de cheveux. *Mais ces cheveux ne se conservent pas très longtemps et se dématérialisent peu à peu, au contraire des cheveux humains qui se conservent un temps indéfini.*

Le côté intéressant de ces formes, c'est qu'elles peuvent être identifiées et reconnues, qu'elles sont vues, touchées, entendues, établissant ainsi leur existence au moyen des trois sens qui nous servent à prouver ou à juger l'existence de tout ce qui nous entoure. Ces formes peuvent aussi établir leur identité au moyen de faits ignorés d'autres personnes que les intéressés.

Quant aux lois qui gouvernent ces phénomènes, elles sont aussi ignorées que celles de la vie. On ne connaît qu'un côté du problème, c'est que l'obscurité est nécessaire à la matérialisation, comme à toute chose prenant vie.

Le germe ou le grain de blé dans la terre, le poussin dans l'œuf, l'enfant dans le sein de sa mère, chacune de ces formations ne peuvent se faire à la lumière.

De même que la plaque sensible a besoin de la chambre noire du photographe, la forme se matérialisant a besoin de l'obscurité pour se former; mais une fois cette condensation terminée, l'image matérialisée peut se montrer à la lumière ou demi-lumière comme le cliché après son développement. Il en est de même pour bien des manipulations chimiques.

Cependant, la forme matérialisée n'étant qu'un *simulacre de corps*, la lumière trop vive la dissout, comme le feu fait fondre une statue de cire ou de glace.

Lorsqu'on discute un phénomène aussi étonnant que la matérialisation, les arguments pour ou contre sont employés, et on oublie toujours l'objet principal du débat. Mais il ne faut pas perdre de vue que les manifestations sont produites par un pouvoir inconnu et ne peuvent être obtenues à *volonté*. On doit donc se soumettre aux conditions imposées par l'intelligence invisible, ou ne pas expérimenter. La matérialisation par elle-même n'est nullement contraire aux lois de la nature telles que nous les révèle la chimie, il n'y a donc pas de raison de la nier *à priori*. Des expériences chimiques prouvent d'une façon concluante que les matières les plus solides et les plus dures peuvent dans certains cas être converties en gaz ou en vapeur, et toute vapeur peut devenir invisible dans l'espace. Ce phénomène de la matérialisation ne peut donc être considéré comme impossible, puisqu'il s'accorde parfaitement avec la loi connue qui gouverne les transformations de la matière dans certains cas.

On peut donc supposer que les intelligences supérieures, plus expérimentées que les chimistes terrestres, aient la faculté d'improviser *le fac-simile* d'un corps humain, en réunissant les éléments nécessaires pour constituer cet organisme transitoire. Quels sont ces éléments? Les opinions diffèrent beaucoup, mais tout fait penser que c'est une sorte de matière radiante et vitale empruntée momentanément au médium et aux assistants. *Le lien entre le médium et l'intelligence matérialisée est constant*, souvent même on l'aperçoit sous forme de points lumineux partant du corps du médium et aboutissant à celui de l'intelligence matérialisée. Selon la force psychique du médium, la forme se condense d'une façon plus ou moins nette et matérielle. Quand la force fluidique n'est pas suffisante, la forme rentre pour ainsi dire dans le médium. On *a constaté ce fait nombre de fois, ce qui prouve que le corps psychique du médium joue un rôle énorme dans la matérialisation*. Dans divers cas, ce corps fluidique sert pour ainsi dire de coque ou d'enveloppe à l'esprit où intelligence désincarnée qui veut se rendre tangible. Le corps fluidique de certains esprits élevés ne pourrait pas autrement se rendre visible.

Le côté élevé de ces manifestations est de nous prouver que la personnalité ne disparait pas après la mort, mais elles nous prouvent aussi que les êtres qui se manifestent (à certaines exceptions près), sont souvent très inférieurs et attachés à la sphère terrestre.

Voici comment on procède dans une séance de matérialisation sérieuse. On place le médium dans une pièce sombre n'ayant de porte que celle ouvrant sur la chambre où se tiennent les assistants. Cette chambre peut rester avec une faible lumière, et dès que le médium est *entrancé* (ou en léthargie) des formes matérialisées se présentent ; quand ces formes sont fluidiquement faibles, elles ne peuvent s'avancer qu'à quelques mètres du médium ; quand les formes ont une force psychique plus grande, elles peuvent marcher, parler, même écrire. Pendant tout ce temps, le médium doit rester dans une obscurité semi-complète, point indispensable à toute gestation même fluidique. On peut néanmoins entrer et s'assurer s'il est bien *entrancé*.

Quand le phénomène se produit dans une séance publique, ou chez un médium qui se fait payer, on a fort peu de garanties contre la fraude, et des compères (sans compter le médium lui-même) peuvent très bien jouer le rôle de la forme matérialisée. Au contraire, si le phénomène a lieu chez un particulier, avec des personnes sûres, et après avoir pris des précautions même contre l'inconscience du médium, en l'attachant sur sa chaise, le doute n'est plus possible.

Voici ce que dit feu Oxon (S. Moses) le professeur de Christ's Collège dont j'ai parlé :

« Plus nous étudions ces phénomènes de maté-
« rialisation et plus nous devenons perplexes. *Que*
« *le phénomène ait une réalité objective, je n'en ai*

« *pas l'ombre d'un doute*, mais sur le mode de for-
« mation, nous n'avons pas de renseignements suf-
« fisants. »

* * *

Passons maintenant aux faits.

R. Dale Owen, diplomate et écrivain des États-Unis, raconte, dans un de ses livres, différents cas de matérialisation.

La première eut lieu chez un de ses amis, M. S. Underhill de New-York, en 1860. La pièce était éclairée au gaz, et il n'y avait que trois personnes et lui de présentes. M. Underhill, Mme Underhill (Lea Fox), médium très puissant, et son neveu Charles, âgé de douze ans. D. Owen inspecta avec soin la pièce et ferma toutes les portes à clef, puis on s'assit après avoir baissé le gaz.

« Au bout de quelques minutes, dit D. Owen,
« j'aperçus à ma gauche une lumière paraissant
« phosphorescente ; elle se présenta d'abord sous
« une forme rectangulaire, avec les angles arrondis.
« Cela ressemblait à la paume d'une main ouverte
« qui peu à peu devint plus lumineuse. Nous vîmes
« alors une forme, voilée dans les plis d'une étoffe
« blanche très brillante. Mme Underhill dit : « Pou-
« vez-vous aller du côté de M. Owen ? » La forme
« lumineuse vint lentement vers moi, et comme elle
« approchait, je vis le contour d'une figure féminine.
« A l'extrémité du bras droit, il y avait une partie
« plus lumineuse que le reste ; j'ai supposé que
« c'était la paume de la main qui avait paru en pre-
« mier. Pendant tout ce temps, je tenais les mains
« de Mme Underhill (le médium) et de Charles son

« neveu. De plus, pendant que les phases du phé-
« nomène se développaient, je faisais part de mes
« observations à M. Underhill qui me répondait,
« j'étais donc certain qu'il était assis près de moi, et
« que ni l'un ni l'autre nous n'étions hallucinés.
« Toute supercherie *même inconsciente* était im-
« possible. »

La forme posa sa main sur la tête de M. Owen
puis déposa un baiser sur son front. « Jamais, dit-il,
« je n'ai obtenu de sensation physique aussi nette,
« car j'avais le témoignage de trois sens, la vue,
« l'ouïe et le toucher. Pendant que l'apparition cir-
« culait dans la pièce, *on n'entendait aucun bruit*
« *de pas*, et pourtant j'ai l'oreille très fine. »

Dans une autre séance avec les mêmes personnes, la forme n'était pas aussi distincte, dit M. Owen,
le haut du front seul était éclairé, et la partie basse
du corps semblait se fondre dans un nuage grisâtre.
La figure s'étant dirigée vers le jeune Charles, celui-
ci s'écria avec frayeur : « Oh! partez, je vous en
prie. » On demanda à la forme de parler, elle essaya
et nous entendîmes quelques sons gutturaux ressemblant à la syllabe *es*, puis la forme dit à voix
basse : « Dieu vous protège », passa devant nous,
devint plus brillante, puis se dissipa lentement.

Le côté curieux de ces deux apparitions, c'est
qu'elles ont eu lieu, *le médium étant éveillé*, et non
en léthargie, comme cela est presque toujours nécessaire pour les matérialisations complètes.

« Mes expériences, dit M. Owen, me font penser
« que ces apparitions objectives sont rares ; mais
« quand elles se produisent, on obtient quelque
« chose dans le genre du corps humain, *avec un*

« *côté sculptural* particulièrement *vitalisé et spi-*
« *ritualisé*. Ces formes sont fluctuantes ou partiel-
« lement matérialisées, et prêtes à tout instant à se
« dissoudre lentement ou à disparaître très vite.
« Tout dépend des circonstances où la matérialisa-
« tion a lieu, et de la force de résistance des molé-
« cules psychiques (réunies momentanément) con-
« tre les actions dissolvantes qui les entourent. »

M. D. Owen put encore voir une de ces apparitions, et il donne le nom du témoin, M. Livermore, bien connu de la Société commerciale de New-York. Ce monsieur avait perdu sa femme onze ans avant que le docteur Gray ne lui parlât de la revoir grâce aux pouvoirs médianimiques de K. Fox ; il fit venir le médium chez lui et prit toutes les précautions imaginables, mais rien ne se produisit. Cela prouve une fois de plus combien la théorie de l'hallucination est absurde (pour les matérialisations), car M. Livermore, dont la douleur avait été très grande à la mort de sa femme, désirait ardemment la revoir, et malgré ça il n'a rien vu. Ce n'est que longtemps après, en mars 1861, que le phénomène se produisit, et *comme toujours au moment où on s'y attend le moins.*

« Une lumière en forme de globe parut et peu à
« peu se changea en une tête voilée qui en s'éclai-
« rant fut parfaitement reconnue par M. Livermore
« comme celle de sa femme. Ce dernier, tout le
« temps, avait tenu les deux mains de Kate Fox, le
« médium, et comme il était chez lui, M. Livermore
« ne pouvait être trompé.

« Dans une autre séance, la figure de Mme Liver-
« more parut et disparut à plusieurs reprises, mais

« chaque fois devenant plus complète et plus res-
« semblante. *Pendant un moment, nous vîmes l'om-
« bre de l'apparition sur le mur du salon.* Aussitôt
« après, une pluie d'orage tomba, et le message sui-
« vant fut écrit : « *L'atmosphère a changé, je ne
« puis plus rester matérialisée.* »

Ces expériences délicates dépendent beaucoup de l'état de l'atmosphère. Quand elle est orageuse ou électrique, les phénomènes de matérialisation sont nuls ; or, c'est justement par ces temps-là que le système nerveux étant excité et exalté, il devrait être disposé à l'hallucination. Eh bien ! l'expérience des investigateurs psychiques a prouvé que c'était tout le contraire. Lorsque la température est sèche et calme, les phénomènes de matérialisation ont lieu plus facilement, car tout dépend aussi du médium : *s'il est malade rien ne se produit*, et le médium s'épuise inutilement.

Dans une séance en 1863, M. Livermore s'étant muni d'une lanterne sourde, en dirigea la lumière sur la figure de sa femme lorsqu'elle parut. La forme parut gênée, mais resta visible pendant quelques instants, puis disparut. M. Livermore obtint alors le message suivant : « *C'est à grand'peine que j'ai pu
« rester matérialisée.* »

Comme on le verra dans la suite de cette étude, la lumière vive (et encore plus celle du gaz ou de l'électricité) décompose très vite la matière fluidique qui se condense chez ces formes. Cela a été constaté un grand nombre de fois.

R. Dale Owen parle aussi de diverses séances où le docteur Gray, un médecin qui s'était beaucoup occupé de magnétisme, put faire des expériences curieuses. La figure du docteur Franklin apparut, mais une portion seulement de la figure était visible. Le docteur Gray eut l'occasion de couper un bout du vêtement de la forme matérialisée et de l'examiner, *mais ce morceau fondit peu à peu dans ses mains.* Un des assistants, très sceptique, M. Groute, s'approcha de la forme matérialisée, l'observa, la toucha et, comme saint Thomas, se déclara convaincu. Le docteur Gray ajoute que cette fois c'était stupéfiant, et voici ce qu'il dit de M. Livermore : « C'est un homme froid, positif, très « occupé de nombreuses affaires et nullement dis- « posé à être le jouet de ses sens. »

Les expériences durèrent *six ans*, et supposer, dit D. Owen, que pendant tout ce temps M. Livermore ait eu des hallucinations quand il était avec un médium, et n'en ait eu aucunes en dehors de ce médium, est une chose aussi illogique qu'inadmissible. Si on doit, ajoute-t-il, rejeter les faits garantis par des hommes d'une parfaite bonne foi, autant rejeter tout témoignage humain. A cette époque, 1860-1868, le phénomène de matérialisation était encore tout nouveau, aussi D. Owen n'a fait pour ainsi dire qu'ébaucher le sujet. Il conclut ainsi :
« Un des côtés les plus curieux du scepticisme mo- « derne, c'est qu'il nie ce qui a été admis de tous « temps et dans tous les pays, la réapparition mo- « mentanée de ce que nous appelons les morts.
« Ces accessoires fantastiques des histoires de reve- « nants, spectres hideux, squelettes faisant craquer « leurs os, remuant des chaînes, laissant des odeurs « de soufre, etc., tout cet appareil fantasmagorique « a contribué à ridiculiser un fait très simple et

« très naturel par lui-même. On nous a inculqué des
« idées fausses sur la mort, nous faisant considérer
« avec terreur ceux que nous avons aimés sur
« cette terre. A l'idée seule de les revoir, nous trem-
« blons comme des enfants dans l'ombre, et pour
« un rien certaines personnes s'évanouiraient. »

II

KATIE KING.

Depuis R. Dale Owen, les expériences de matérialisation firent de grands progrès et les détails en furent mieux connus.

Tous ceux qui se sont occupés de spiritualisme, de spiritisme ou d'occultisme, ont lu ou doivent lire le livre de W. Crookes que j'ai déjà mentionné. A la fin de ce livre, le grand chimiste anglais parle d'une forme matérialisée ayant pris le nom de *Katie King*. Quoique certifié par une autorité scientifique de la valeur de W. Crookes, le fait parut si extraordinaire, et même si invraisemblable, que les uns ont nié, les autres ont souri dédaigneusement.

Les expériences ont eu lieu en 1872-1874 chez M. Crookes à l'aide d'une toute jeune fille, Miss Cook, médium puissant qui passa plusieurs mois dans la maison et la famille du chimiste; et, vu les précautions prises par ce dernier, toute imposture était impossible. Voici les faits en deux mots : miss Cook s'asseyait dans la bibliothèque de M. Crookes, séparée par un rideau des assistants qui se trouvaient dans le laboratoire. Dès que miss Cook était *entrancée* (ou en léthargie), une forme féminine soulevait le rideau, s'avançait et causait avec tout le monde, puis rentrait dans la bibliothèque, ou quelquefois disparaissait subitement.

Les gens très malins, n'ont pas manqué de dire que c'était miss Cook elle-même qui personnifiait la forme, et que pendant ce temps un mannequin était drapé et assis dans la bibliothèque. Par les détails que je donnerai, on verra que cette hypothèse puérile ne tient pas debout et ne mérite pas d'être discutée.

Mais le phénomène était si nouveau et surtout si stupéfiant, que W. Crookes fut attaqué et critiqué de toutes les façons; aussi, une fois les faits constatés par lui, il préféra garder le silence.

Ce qu'il n'a pas voulu dire, je vais essayer de le faire, grâce à des témoins de ses séances, comme le docteur Gully, Epes Sargent (un publiciste américain) et Florence Marryat, la fille du capitaine Marryat, et plusieurs autres.

Commençons par Fl. Marryat. Dans un livre où elle a pris pour titre le vers du poète Longfellow « Il n'y a pas de mort », elle donne beaucoup de détails sur K. King, je lui passe la parole :

« Katie King disait avoir été Annie Morgan, fille
« de sir H. Morgan, un célèbre boucanier du temps
« de Cromwell; elle se maria et mourut à vingt-
« deux ans. »

Chaque fois qu'on lui demandait pourquoi elle revenait sur la terre, elle répondait invariablement que « c'était en partie pour convaincre le monde de

« la réalité de la vie future, et aussi comme expiation
« de ses crimes ».

Cela n'est guère flatteur pour notre planète qui pourrait bien être une sorte de purgatoire, à en juger par l'effroyable quantité de maux et de douleurs dont nous sommes affligés.

« Miss Cook, dit Fl. Marryat, est une petite brunette
« avec des yeux et des cheveux noirs. Parfois Katie
« lui ressemblait exactement [1], mais à d'autres séan-
« ces Katie était absolument différente. Dans une
« photographie, que je possède encore, *Katie semble*
« *le double de miss Cook, et pourtant cette dernière*
« *regardait lorsqu'on prit la photographie.*

« J'ai assisté plusieurs fois aux expériences faites
« par M. Crookes avec miss Cook, *j'ai vu les boucles*
« *noires de celle-ci clouées au plancher, en dehors*
« *du rideau qui la séparait des assistants.*

« J'ai vu miss Cook placée sur la machine d'une
« balance à peser, construite à dessein par M. Croo-
« kes j'ai constaté que le médium (Miss Cook) pesait
« 112 livres, mais aussitôt que l'esprit matérialisé
« était formé, *le corps du médium ne pesait plus*
« *que la moitié, 56 livres.* »

Ce fait est des plus importants, car il prouve que la sortie du corps psychique qui sert à la matérialisation, fait perdre au médium une partie de son poids, et très probablement une partie de sa sub-

---

1. Cette constatation paraîtra peut-être naïve à certaines personnes, mais lorsqu'on aura lu les pièces du procès, on pensera comme moi que c'est une preuve de la bonne foi du témoin. Ce fait de la ressemblance arrive quelquefois au début des matérialisations.

stance vitale. C'est ce qui rend ces expériences si dangereuses pour le médium dont la vie est quelquefois en danger.

« J'ai vu plusieurs fois, dit F. Marryat, *miss Cook
« et Katie l'une à côté de l'autre. Je ne doute donc
« pas qu'elles ne soient deux créatures différentes.
« W. Crookes a fait aussi la même constatation.* »

* * *

Passons à d'autres témoins.

M. Tapp, de la Dalston association d'investigateurs, a eu la permission d'examiner de près la figure et le corps de Katie, avec une lumière suffissante. Il constate que les bras sont plus épais et plus longs que ceux du médium ; les mains aussi étaient plus grandes, avec des ongles magnifiques et différents de ceux de miss Cook qui avait la mauvaise habitude de se ronger les ongles. Tenant le bras de la forme matérialisée d'une main, M. Tapp passa l'autre main le long du bras jusqu'à l'épaule. La peau, dit-il, était d'une douceur non naturelle, comme celle de la cire ou du marbre, et pourtant la température générale était celle du corps humain. M. Tapp constata avec surprise *qu'il n'y avait pas d'os dans le poignet*. Une autre fois, M. Tapp raconte qu'ayant pris Katie par le poignet, il le sentit céder sous sa pression, comme un bout de papier où d'étoffe, ses doigts se rejoignant à travers le poignet. M. Tapp exprima la crainte que ce résultat ait eu quelque inconvénient pour Katie, mais elle répondit que non.

Le docteur J.-M. Gully, un médecin distingué ami de M. Crookes, chez lequel il assista à beaucoup de séances, a étudié froidement et philosophiquement ces phénomènes étonnants.

Voici ce qu'il disait, le 20 juillet 1874, dans une de ses lettres à l'écrivain américain E. Sargent, au sujet de Katie :

« Le pouvoir de matérialisation augmente à cha-
« que séance nouvelle, car les premières fois, une
« figure seule paraissait, mais sans cheveux et sans
« rien derrière le front. Cela semblait *un masque*
« *animé*. Après cinq ou six mois de séances, la
« forme complète apparut. Ces êtres se condensent
« alors plus facilement et changent de cheveux, de
« vêtements, de couleur de figure, comme ils le
« désirent.

« De telles choses ne peuvent être encore scienti-
« fiquement démontrées, mais il est impossible d'en
« douter. Le fait que des parties du corps manquent
« souvent dans les matérialisations, n'est pas un
« argument contre la faculté de produire un tout
« complet.

« Tous ceux, dit le docteur, qui ont assisté aux
« séances de W. Crookes, savent *avec quel soin les*
« *précautions étaient prises, pour que les moindres*
« *mouvements du médium puissent être contrôlés*.
« Ces précautions m'ont prouvé indubitablement
« que la forme qui paraissait n'était pas Miss Cook,
« mais avait une existence absolument diffé-
« rente. »

Voici maintenant ce que dit C. Varley, l'ingénieur électricien qui a été l'initiateur du câble transatlantique :

« Comme on m'avait prié d'examiner le phéno-
« mène de matérialisation, je convins avec Miss

« Cook de différentes séances qui eurent lieu chez
« M. Luxmore. Le médium fut traité comme un câ-
« ble télégraphique, et un courant électrique établi
« de son poignet droit le long des bras, jusqu'au
« poignet gauche. »

Tout le temps, pour être renseigné exactement, Varley employa un galvanomètre réflecteur et divers autres instruments.

De cette façon, le médium ne pouvait pas arrêter le courant, même pendant un centième de seconde, sans que le fait ne fût immédiatement révélé.

« Malgré ça, dit Varley, la forme de Katie parut,
« elle nous parla *et écrivit devant nous sur du pa-*
« *pier*. La première fois, Katie ne parut qu'à moitié
« matérialisée, jusqu'à la taille seulement, le reste
« du corps manquait ou était invisible.

« Je serrai la main de cet être étrange, et à la fin
« de la séance, Katie me dit d'aller réveiller le mé-
« dium. Je trouvai Miss Cook *entrancée* (ou en léthar-
« gie) comme je l'avais laissée, et tous les fils de
« platine intacts. *Je réveillai Miss Cook.* »

Une expérience analogue fut faite par Varley en présence de W. Crookes. Pendant toute la séance, un léger courant électrique fut maintenu. M. Crookes installa des fils de façon à ce que Miss Cook si elle s'était remuée, *même inconsciemment*, n'aurait pas pu s'avancer plus loin que les rideaux qui fermaient la pièce où était le médium. En dépit de toutes ces précautions, Katie vint *à six ou huit pieds en avant des rideaux ;* aucun fil n'était attaché à ses bras et l'épreuve électrique fut tout à fait concluante. Par surcroît de précaution, M. Crookes avait prié Katie de plonger ses mains dans une solution chimique, et aucun changement du galvanomètre ne s'en suivit, ce qui serait arrivé si Katie avait eu les fils sur elle, car la solution avait pour but de favoriser le courant électrique.

M. Crookes témoigna de sa grande confiance en Miss Cook, car elle se soumit à toutes les épreuves imaginables, et de plus il acquit la certitude que Miss Cook était bien dans la pièce à côté, quand Katie paraissait.

A cette époque, Miss Cook était une toute jeune fille, et elle aurait voulu qu'elle n'aurait pas pu tromper deux savants comme Crookes et Varley, surtout avec toutes les précautions qu'ils ont prises.

Comme l'a dit W. Crookes : « Imaginer qu'une « écolière de quinze ans ait pu concevoir et mener « à bien une imposture pareille pendant trois ans, « cela fait plus de violence au bon sens et à la rai- « son, que de croire à ce que Katie affirme être. »

Dans une autre lettre du docteur Gully (20 juillet 1874) à son ami E. Sargent, il y a les curieux détails suivants :

« Au sujet de Miss Cook, je dois constater qu'après « deux ans d'examen, et de nombreuses séances, « non seulement il ne me reste aucun doute, mais « j'ai au contraire la plus complète conviction que « le phénomène de matérialisation est possible, et « que dans ces séances, tout essai de truc ou de « tromperie était impossible.

« La voix de Katie put se faire entendre bien « avant la formation totale du corps, mais cette « voix était souvent saccadée. La peau semblait « naturelle et douce. Les mouvements paraissaient « humains, sauf lorsque Katie se baissait pour ra-

« masser quelque chose, car ses jambes et le milieu
« du corps avaient l'air alors de se courber en sens
« contraire.

« Je crois qu'on aurait pu obtenir de Katie bien
« des renseignements d'outre-tombe, mais les per-
« sonnes présentes lui parlaient de choses frivoles.
« Une ou deux fois seulement je pus lui poser quel-
« ques questions sur ces sujets.

« — Vous est-il possible, demandai-je à Katie, de
« nous expliquer quel pouvoir ou quelle force vous
« employez pour vous matérialiser et dissoudre en-
« suite cette forme ?

« — Non, ce n'est pas possible, répondit Katie.

« — Est-ce l'électricité ou quelque chose d'appro-
« chant?

« — Non, tout ce qu'on a dit de l'électricité est un
« non-sens.

« — Cela ressemble-t-il au pouvoir de la volonté ?

« — Oui, plutôt qu'à tout autre chose. C'est la vo-
« lonté qui est le levier de ce pouvoir.

« — Quand vous disparaissez, où allez-vous ?

« — *Je rentre dans le médium, pour lui rendre
« toute la vitalité que je lui ai empruntée.* Je puis
« sortir d'elle et y rentrer facilement, mais com-
« prenez bien que je ne suis pas elle ni son double.

« — Quand vous vous dématérialisez, qu'est-ce qui
« disparaît d'abord, le vêtement ou le corps ?

« — Le corps naturellement. Le pouvoir vital re-
« tourne au médium, et le vêtement a ses éléments
« constitutifs.

« — Un être humain peut-il se rendre compte du
« pouvoir que vous employez pour vous matérialiser?

« Non, vous ne le pouvez pas. »

Les réponses de Katie n'ont pas toujours été si nettes. Souvent elle semble avoir tout oublié de la terre. Elle dit venir d'une sphère peu élevée et il lui est impossible de dire ce qu'elle est. On se demande donc si ces êtres momentanément humains peuvent nous donner une idée exacte de leur état et de leurs facultés. Je crois d'après tous les documents que j'ai, que si leur force de matérialisation augmente, leur puissance de communication ne grandit pas. On constate même que ces êtres sont gênés ou limités dans leur mémoire par le fait de leur matérialisation. Ce passage du plan éthéré au plan terrestre doit forcément produire un trouble dans l'être matérialisé. C'est une sorte de *réincarnation transitoire* et l'on sait combien l'intelligence (sauf de rares exceptions) est longue à se dégager chez l'enfant, cet incarné condamné à vie.

*
* *

Dans une séance qui eut lieu en 1873 chez M. Luxmore, *une lampe fut placée sur la table du salon, qui ne resta pas un instant non éclairé*. Les quatorze personnes qui étaient présentes ont pu se voir et s'observer pendant toute la séance. Miss Cook se plaça dans le petit salon et *fut attachée sur une chaise basse*. On lia les mains avec des rubans dont les bouts furent cousus et scellés. *Il était donc impossible à Miss Cook de se remuer au-delà d'un pouce ou deux*, car dans ce cas les cachets auraient été brisés. Après la séance, tout fut retrouvé dans le même état. M. Coleman qui rendit compte de cette séance, dit que Katie quand elle circulait dans le salon semblait plutôt glisser que marcher, et ne perdait jamais de vue le médium, comme si elle était liée à lui. Au moment où Katie disparut M. Coleman put voir Miss Cook *entrancée* sur sa chaise, ce qui, dit-il, aurait convaincu le plus incrédule.

Le docteur G. Sexton, qui longtemps avait été très sceptique au sujet des phénomènes, put assister à une autre séance chez M. Luxmore; il remarqua que la figure et le teint de Katie étaient absolument différents du médium. A la fin de la séance, Katie dit au docteur Sexton d'entrer dans le petit salon pour constater que Miss Cook était toujours attachée, et une fois cette constatation faite, il déclara n'avoir jamais assisté à rien de plus merveilleux. Dans une de ces séances, chez M. Luxmore, Katie écrivit quelques mots qu'elle donna à M. Coleman, laissant ainsi une des nombreuses traces matérielles de son passage.

Au début des expériences avec Miss Cook, ces phénomènes parurent si étonnants que des doutes s'élevèrent, même parmi des spiritualistes convaincus. Depuis lors, des centaines de cas de matérialisation ont eu lieu en Amérique, en Angleterre, en Allemagne, en Russie et même en France (où ce phénomène est si peu connu), et la réalité du fait n'est plus douteuse. Il n'y a de discussions que sur l'explication du phénomène. M. Coleman avait cru d'abord, avec plusieurs savants allemands, que Katie était le double psychique de Miss Cook, mais les expériences de W. Crookes leur ont fait abandonner cette hypothèse.

Le 9 décembre 1874, chez M. Luxmore, un Monsieur Volckman se leva de sa chaise, saisit Katie King par la taille en s'écriant. « C'est le médium. »

M. Henry Dunphy, qui suivait le résultat avec curiosité, remarqua que Katie semblait perdre ses pieds et ses jambes et éluda l'étreinte de M. Volckman, quoique ce monsieur parût de force à bien maintenir ce qu'il tenait. Katie glissa de ses bras et disparut, ne laissant de traces ni de corps ni de vêtements.

Immédiatement on trouva Miss Cook attachée avec des nœuds intacts, mais le choc psychique avait été si grand, que pendant plusieurs jours Miss Cook eut des convulsions.

« J'ai vu, dit Florence Marryat, le médecin qui a
« soigné Miss Cook après cette séance et il m'a
« affirmé que ses crises n'étaient nullement feintes. »

Ces fantaisies de sceptiques sont très dangereuses pour le médium et peuvent mettre sa vie en danger, car la secousse psychique empêche la rentrée normale du corps astral (ou périsprit), et des troubles sérieux peuvent se produire dans l'organisme du médium. On ne doit donc faire ces expériences redoutables qu'avec des personnes au courant des phénomènes, et en connaissant les dangers.

Fl. Marryat demanda une fois à Katie pourquoi elle ne pouvait paraître qu'à la lumière faible d'un bec de gaz. Cette question sembla irriter Katie qui répondit : « Je vous ai dit souvent que je ne pouvais
« exister sous l'action d'une vive lumière. *Je ne sais*
« *pas pourquoi*, et si vous voulez en avoir une
« preuve, allumez les trois becs de gaz, mais n'oubliez
« pas que je ne pourrai pas revenir de la soirée. »
Les assistants se décidèrent à voir ce phénomène, et demandèrent à Katie de se dématérialiser devant eux, elle accepta, mais, dans une autre séance, nous dit qu'elle avait beaucoup souffert.

« Katie King se mit le long du mur du salon, les
« bras élevés en l'air, comme si elle était crucifiée.
« On alluma alors trois grands becs de gaz qui pro-
« jetèrent une très vive lumière. *L'effet fut stu-
« péfiant.*

« Katie resta environ une seconde comme elle
« était, puis commença graduellement à se désagré-
« ger. D'abord les traits devinrent incertains, les
« yeux rentrèrent dans leur orbite, le nez disparut
« ensuite, ainsi que l'os du front. Puis les membres
« semblèrent se décomposer et tomber en morceaux
« par terre. Il ne resta en dernier qu'une partie de
« la tête et un paquet de vêtements blancs, puis tout
« disparut. »

N'oublions pas que cette scène fantastique ne s'est
pas passée dans un endroit public, mais dans une
maison particulière où toute fantasmagorie était
impossible. On peut croire ou ne pas croire, mais
pour ceux qui sont au courant de ces phénomènes,
il est évident que la lumière vive a une action dissol-
vante sur ces formes matérialisées, elles sont d'une
contexture si délicate qu'elles fondent pour ainsi
dire comme la glace ou la cire devant un feu vif. En
voici encore une preuve curieuse :

Dans une séance, dont le compte rendu fut signé
par A. Corner, C. Corner, J. Luxmore, G.-R. Tapp
et W. Harrisson, Katie fut photographiée comme
elle l'avait été plusieurs fois par W. Crookes. Vers
la fin de la séance, Katie leur dit que son pouvoir
de matérialisation se dissipait, et qu'elle se sentait
littéralement fondre. L'admission de la lumière
nécessaire pour photographier, décomposa Katie ;
la partie basse de sa figure parut se désagréger peu

à peu, puis s'affaissa jusqu'à ce que le cou touchât le plancher, le reste du corps disparut aussi.

Cette fois encore la dématérialisation de Katie a eu lieu devant diverses personnes qui ont attesté le phénomène en signant au procès-verbal.

Pour la matérialisation, l'hypothèse de l'hallucination n'est pas soutenable un instant. KATIE KING, par exemple, parlait, marchait, écrivait et se rendait aussi tangible qu'un être humain. Des preuves palpables de sa présence (comme cheveux ou écrits) furent laissées par elle, et il ne reste plus au sceptique, qui a vu et touché comme saint Thomas, qu'à imiter ce saint incrédule. Quand aux autres sceptiques, il leur reste toujours la ressource de dire que c'est impossible.

Voici ce que M. Crookes écrivait au professeur Elliott Coues, le 27 juillet 1893 : « Si on vous dit que, « je crois avoir été trompé au sujet des faits psychi« ques et que je désavoue mes expériences, je vous « autorise, et même je vous prie d'y opposer le plus « formel démenti. » A propos de Katie, M. Crookes écrivait à l'époque : « La peau de Katie est douce au « toucher, tandis que celle de Miss Cook est rude ; « de plus cette dernière a sur le cou un grain très « visible. Les oreilles de Katie ne sont pas percées, « tandis que Miss Cook porte d'habitude des pen« dants d'oreilles. La carnation de Katie est très « claire, celle de Miss Cook très sombre. Diverses « taches sur la figure de Miss Cook n'existent pas « sur celle de Katie. La chevelure de Miss Cook « était noire, celle de Katie blonde. La taille de Katie « a quelquefois six pouces de plus que celle de Miss « Cook. »

Comme W. Crookes, dans le récit de ses séances, ne disait pas un mot de ce que Katie avait pu révéler sur l'autre monde, je lui ai écrit une lettre à ce sujet, et il m'a fait l'honneur de me répondre sur ce point délicat. Depuis, il a bien voulu m'autoriser à citer sa lettre, et c'est une vraie bonne fortune pour moi et le public français.

1er février 1892.

« J'ai eu beaucoup de conversations avec Katie
« King, et naturellement je lui ai posé maintes
« questions du genre de celle dont vous parlez. Les
« réponses n'ont pas été satisfaisantes. Générale-
« ment, elle disait qu'il était défendu de donner de
« ces renseignements.

« Signé : William Crookes. »

Beaucoup de personnes, et non des moindres, avaient toujours pensé que W. Crookes ne se prononcerait pas sur ce point important de la matérialisation de Katie King. Toutes leurs espérances sont déçues, car par sa lettre, W. Crookes reconnaît d'une façon indéniable qu'il a causé avec un être matérialisé. *Horresco referens!* Que vont dire nos bons matérialistes ou physiolo-psychologues. Voilà un problème bien dur pour eux, car la forme matérialisée ayant été photographiée, le système si commode de l'hallucination n'est plus tenable, *il y a une preuve matérielle du contraire*. Une preuve encore plus forte, c'est qu'en 1886, S. Moses constate, dans une lettre au journal *Light*, qu'à l'époque de ses expériences, W. Crookes a pris une photographie de Florence Cook (le médium) et de Katie King *vues toutes deux ensemble*. Donc, les suppositions les plus ingénieuses tombent d'elles-mêmes devant l'argument d'un cliché [1].

Quant aux réponses de Katie, si elles n'ont pas été satisfaisantes, cela vient, je crois, de ce que la matérialisation (ou réincarnation momentanée) doit jeter un grand trouble dans l'intelligence de ces êtres ramenés ainsi subitement sur la terre.

D'un autre côté, je comprends qu'il soit défendu jusqu'à un certain point de donner des renseignements sur l'autre monde. Si tous les êtres humains étaient certains de la survie, il pourrait bien arriver un résultat inattendu, mais prévu par Dieu. Tous les pauvres, les déshérités, les incurables, et même de simples malades impatients de leur état, s'empresseraient de quitter notre monde de misère pour un autre qui ne peut pas être pire. Il y aurait une épidémie de suicide, et le voyage dans l'autre monde ne paraîtrait pas plus dangereux qu'un voyage en Amérique.

Si, comme tout le fait supposer, nous sommes sur la terre pour subir une épreuve, c'est la peur de la mort qui nous force à supporter cette épreuve, si terrible qu'elle soit. L'incertitude de l'au-delà du tombeau, retient les gens sceptiques comme les gens religieux, et il est à remarquer que ces derniers tiennent tout autant à la vie que les autres, quoique mourant avec plus de tranquillité et de résignation.

1. L'an dernier, M. de Bodisco, chambellan du czar, a obtenu aussi des photographies où l'on voit le médium en léthargie et la forme matérialisée non loin du médium.

CHAPITRE V

FORMES MATÉRIALISÉES (1874-1893).

I

J'ai étudié les phénomènes de matérialisation depuis 1860 jusqu'en 1874.

Je vais maintenant citer beaucoup d'autres expériences depuis cette époque jusqu'en 1893. — Voici d'abord un sculpteur américain, S.-A. Brackett, qui a longtemps expérimenté ce phénomène. Très sceptique d'abord, très prudent ensuite.

« Peu m'importe ce qu'on pensera ou dira des « faits que j'ai observés personnellement, mais qui- « conque les aura étudiés avec soin comme moi, en « sera aussi frappé et arrivera peut-être aux mêmes « conclusions. »

Comme M. Brackett était assez sceptique et le prouve par ses remarques, son livre sur la matérialisation n'en est que plus curieux. Un de ses amis le présenta à un célèbre médium, Mme F** de Boston, *mais comme elle était souffrante, ce n'est qu'au bout d'un an qu'il pût assister à une séance qu'il décrit ainsi :*

« La lumière fut baissée, mais pas assez pour

« qu'on ne puisse pas voir nettement les personnes
« présentes. Une forme se présenta se disant ma
« femme décédée, elle ne lui ressemblait guère, mais
« elle me raconta pourtant des choses intimes que
« seule elle pouvait connaître. Tout d'un coup, la
« forme sembla s'affaisser, et malgré ses efforts
« pour se tenir debout, disparut comme à travers le
« plancher (couvert d'un épais tapis). La tête et les
« épaules restèrent seules visibles en dernier.

« Rentré chez moi, je me suis demandé si je n'avais
« pas été dupe d'un truc ou si j'avais vu un phéno-
« mène. Je résolus donc de savoir exactement si ces
« formes n'étaient pas des compères, ou des rôles
« joués par le médium. »

Avant la deuxième séance, Brackett eut la permission d'examiner avec soin l'appartement de Mme F**. De plus, il chargea un de ses amis, un architecte très sceptique, de prendre un plan exact de cet appartement et de la maison, sous prétexte d'achat. Par ce plan, Brackett eut la preuve que personne ne pouvait entrer que par la porte de la pièce où avaient lieu les séances. Brackett obtint la permission de Mme F** d'entrer dans la chambre où elle était en léthargie, et en s'assurant du fait, il vit au même moment deux formes matérialisées. Plus tard Mme F** fit faire une sorte de cabinet mobile, de sorte que le médium se trouvait au milieu des assistants. L'attention de M. Brackett fut attirée sur la ressemblance que ces formes disaient avoir avec ce qu'elles étaient dans la vie. Il a constaté que cette ressemblance était souvent frappante, mais il ne la regarde pas comme une preuve d'identité, car ces formes, dit-il, quelles qu'elles soient, *ont l'étonnant* *pouvoir de se modifier à volonté.* En voici une preuve :

« J'ai vu un grand jeune homme se disant le frère
« de la dame qui m'accompagnait, et à qui cette
« dame disait : Comment pourrais-je vous reconnaî-
« tre, puisque je ne vous ai vu qu'enfant ? Aussitôt
« la forme diminua de taille peu à peu, jusqu'à ce
« qu'elle eut celle du petit garçon que la dame
« avait connu. J'ai constaté, ajoute Brackett, d'au-
« tres cas du même genre. »

Cela peut paraître invraisemblable, mais ce qui est vraisemblable, c'est qu'aucun compère ou associé n'aurait pu en faire autant.

Une des formes qui parut chez Mme F** dit être Bertha, nièce par alliance de Brackett, et comme ce dernier semblait en douter, la forme disparut et revint avec la voix et la taille d'un enfant de quatre ans, âge auquel elle était morte. Bertha lui dit que la faculté de communiquer avec les êtres humains dépendait de la facilité avec laquelle ces formes peuvent s'assimiler les émanations fluidiques ou magnétiques. Et qu'il leur fallait paraître souvent pour commander aux éléments matériels et augmenter leur force de matérialisation [1].

Brackett ajoute ces remarques caractéristiques :

« Mme F** a un accent allemand, Bertha ne l'a pas.
« Au moment où je m'y attends le moins, elle paraît
« devant moi. Quant à être une figurante payée par
« Mme F**, je défie n'importe qui de se dématéria-
« liser devant moi comme l'a fait Bertha. »

---

[1]. Ce fait a été constaté par tous ceux qui ont étudié la matérialisation.

M. Brackett eut aussi des séances chez d'autres médiums. Un soir qu'il interrogeait un de ces êtres sur l'autre monde, on lui répondit : « Nous ne pou-
« vons que rarement parler sur ce sujet. Cela vous
« semblera peut-être étrange, mais il nous est im-
« possible d'agir autrement. Nous sommes soumis à
« certaines conditions. Il y a des sphères où nous ne
« pouvons pénétrer. Nous sommes encore semi-hu-
« mains, et désirant l'affection de ceux qui nous ont
« aimés. »

Après avoir parlé ainsi, la forme sembla épuisée, dit Brackett, puis après avoir changé rapidement, elle disparut comme une lumière qui s'éteint. Voici maintenant les opinions de Brackett sur ces faits.

« Le phénomène de la matérialisation a été plus
« ou moins connu dans le passé, et c'est de lui pro-
« bablement qu'est venu le mythe de la création de
« la femme sortant de la côte d'Adam (comme la
« forme matérialisée sort de la côte ou du milieu du
« corps du médium). Le Seigneur avait plongé
« Adam dans un profond sommeil (identique peut-
« être au sommeil léthargique du médium).

« En effet, il sort du côté gauche du médium une
« sorte de vapeur lumineuse qui se condense rapi-
« dement en une forme individualisée capable de
« parler ou d'agir et même d'écrire, *selon le degré
« de puissance du médium.* L'opinion de tous ceux
« qui ont étudié la question est que ces intelligences
« qui se manifestent le font au moyen de parcelles
« fluidiques et matérielles empruntées au médium
« et aux assistants.

« Tant que le médium a de l'action sur ce corps
« fluidique, la forme garde une certaine ressem-

« blanco avec le médium, mais si une intelligence
« supérieure domine assez le médium pour s'empa-
« rer de son corps fluidique (dont il s'enveloppe
« pour ainsi dire), la ressemblance change et dé-
« pend de la puissance du désincarné à reproduire
« la forme qu'il avait sur la terre.

« J'ai vu, dit Brackett, des centaines de formes
« matérialisées, et, dans bien des cas, *le double flui-*
« *dique du médium, si ressemblant que j'aurais*
« *juré que c'était le médium lui-même, si je n'avais*
« *pas vu ce double se dématérialiser devant moi et,*
« *immédiatement après, constaté que le médium*
« *était endormi.*

« J'ai expérimenté ces faits si souvent et de telle
« façon, que si je n'ai pas eu la preuve d'un phéno-
« mène, on ne sait plus ce que le mot évidence
« veut dire. Quand mes investigations furent termi-
« nées, je me trouvai en présence d'un terrible pro-
« blème. Quelles sont ces formes qui pendant un
« temps donné prennent *une réalité objective;* dont
« quelques-unes ressemblaient à des parents ou des
« amis, quoique gardant toujours quelques carac-
« tères du médium? Sont-ce des êtres venant d'un
« autre monde? tout le fait supposer. J'ai souvent
« tenu la main d'un de ces êtres et, au moment de
« la dématérialisation, *cette main fondait pour*
« *ainsi dire dans la mienne.*

« J'ai suivi très souvent le procédé de matériali-
« sation, et cela dans des conditions où toute
« fraude était impossible. *Il est très facile de dire*
« *qu'on est halluciné, mais je certifie le contraire,*
« *car je ne me suis pas contenté d'une expérience,*
« *j'en ai fait des centaines.* J'ai étudié ces formes

« aussi tranquillement qu'un tableau ou une sculp-
« ture. Je constate que la chose est étonnante, mais
« je crois que plus tard elle pourra être démontrée
« scientifiquement. Pour cela, il faudra d'abord dé-
« couvrir dans quelles conditions ces êtres peuvent
« se communiquer à nous ; quant à ce qu'ils pour-
« raient nous dire à ce sujet, il nous serait proba-
« blement impossible de le comprendre, car nous
« ne sommes pas assez avancés dans ce genre d'ex-
« périences.

« Ce n'est que grâce à une accumulation de faits
« frappants que j'ai été forcé d'accepter l'existence
« de ces êtres extraordinaires, néanmoins cette
« existence reste entourée de mystère. Qu'ils
« appartiennent à un monde différent du nôtre est
« plus que probable, car aucune autre théorie ne
« me semble soutenable. Quant à leur identité, elle
« ne peut se juger que de la façon dont nous jugeons
« les personnes avec lesquelles nous sommes en
« relations dans la vie.

« Beaucoup de ces êtres sont si imparfaitement
« matérialisés, que de pénétrer dans notre atmo-
« sphère semble les épuiser, et après de vains efforts,
« ne pouvant nous parler, ils s'en vont. D'autres
« arrivent à une matérialisation complète.

« Dans l'Ancien et le Nouveau Testament, il y a un
« grand nombre de manifestations semblables à
« celles que j'ai étudiées, mais les tendances maté-
« rialistes de la science les ont toujours fait consi-
« dérer comme des fictions orientales.

« La probabilité ou la possibilité que présentent
« ces phénomènes de nous fournir une preuve pal-
« pable et matérielle de l'existence de l'homme

« après la mort, vaut la peine qu'on examine ces
« faits avec soin. Les nier, sous prétexte qu'ils sont
« impossibles, est un grand tort, car Arago a dit :
« En dehors des mathématiques, le mot impossible
« n'a pas de sens. »

« Je suis de nature si sceptique, ajoute Brackett,
« que si je n'avais pu obtenir des conditions rigou-
« reuses de contrôle avec le médium, je n'aurais
« jamais été convaincu.

« Ce sujet paraîtra nouveau pour la grande masse
« des gens, mais une fois ces phénomènes bien
« connus, tous les systèmes scientifiques seront révo-
« lutionnés. Quant aux personnes à idées préconçues,
« qui condamnent ces phénomènes sans les avoir
« vus, elles font preuve de vanité ou d'ignorance.

« L'attitude des savants est surtout curieuse à étu-
« dier. Prompts à condamner tout ce qui est nou-
« veau, leur dédain est sans pareil pour ce qui sem-
« ble contredire leurs opinions matérialistes. Rien
« n'est plus anti-scientifique que les démonstrations
« de certains d'entre eux contre le sujet que je traite.
« Obligés de lutter autrefois contre le despotisme
« des théologiens, ils sont devenus à leur tour plus
« despotiques encore. Ayant maintes fois condamné
« les dogmes, ils adoptent maintenant un ton dog-
« matique par rapport à tout ce qui ne cadre pas
« avec leurs préjugés. Tant que les savants n'auront
« pas expérimenté ces phénomènes, leurs alléga-
« tions ou leurs négations n'auront aucune valeur,
« surtout étant données leurs méthodes matéria-
« listes. »

Brackett a raison. Quand on parle aux savants
de ces phénomènes, ils les nient *à priori* sans cher-

cher à les étudier, et s'ils ont cette condescendance, ils posent leurs conditions. Par cela même, ils oublient que personne plus qu'eux ne devrait comprendre la nécessité d'accepter strictement les lois qui dirigent toute opération dans la nature. Or la matérialisation est une opération aussi délicate que n'importe quelle combinaison chimique. En mars 1893, Brackett a publié un article dont je vais citer quelques passages des plus curieux. Voici ce que lui a dit une forme matérialisée au sujet de certains points qui lui paraissaient obscurs :

« Quand une personne est endormie par un
« magnétiseur, elle peut être obligée de faire des
« choses dont elle n'est pas responsable. De même
« certains médiums puissants ont le don de magné-
« tiser ou d'hypnotiser les désincarnés qui se maté-
« rialisent par leur aide, ils ne sont donc pas res-
« ponsables de tout ce qu'ils disent. *Vous ne pouvez
« pas vous imaginer combien il nous est difficile de
« nous rendre visibles et tangibles pour nos parents
« et amis.* Nous sommes quelquefois pénétrés com-
« plètement par le magnétisme du médium et par
« celui des personnes opposées au phénomène ou
« pouvant l'arrêter. Quand vous interposez brusque-
« ment votre influence magnétique, les esprits-guides
« doivent s'y soumettre ou la manifestation peut
« manquer.

« J'ai tout lieu de croire, dit Brackett, que cette
« explication est juste, car j'ai étudié à fond toutes
« les phases de la matérialisation avec divers mé-
« diums, et je n'hésite pas à déclarer que l'on n'ob-
« tiendra jamais de bons résultats si l'on ne tient pas

FORMES MATÉRIALISÉES

« compte de l'influence plus ou moins hypnotique
« de l'esprit-guide [1] soit sur le médium, soit sur les
« désincarnés qui se manifestent. » Brackett termine son curieux petit livre par les observations
suivantes :

« Je n'affirme pas positivement que ces êtres
« matérialisés soient des esprits, mais ce que je puis
« certifier par expérience, c'est qu'ils n'appartien-
« nent pas à ce côté-ci de la vie. Ils viennent de
« l'espace et y retournent.

« Si on élimine la théorie des esprits, et qu'on
« attribue à l'homme seul le pouvoir si extraordi-
« naire de la matérialisation, le sujet devient scien-
« tifique. Mais si complètes que soient vos investiga-
« tions sur le phénomène, du moment que vous
« supposez que les esprits désincarnés ne sont pas
« étrangers à la matérialisation, le sujet devient
« antiscientifique. Et selon le jugement de certaines
« personnes qui ont pris la peine de gouverner l'opi-
« nion publique, vous n'êtes plus considéré comme
« sérieux.

« Si dans l'étude de ces phénomènes, les attesta-
« tions de centaines de gens dignes de foi, et même
« de plusieurs savants ne suffisent pas, on aurait rai-
« son alors d'abolir les juges, les jurés et les témoins,
« comme étant des acteurs jouant une comédie au
« nom de la justice. »

*
* *

1. D'après les spiritualistes anglo-américains, *l'esprit-guide* serait une intelligence supérieure qui dirige et domine les autres esprits et participe aux phénomènes. Le démon de Socrate était sans doute un esprit-guide.

Parlons maintenant d'*Eglington*, il a été attaqué comme tous les médiums publics, mais en réalité la masse des témoignages en sa faveur est écrasante. D'ailleurs, je ne parlerai que des séances ayant eu lieu chez des particuliers, et dans des conditions rendant toute supercherie impossible.

Voici d'abord un curieux récit de Miss Glyn, que j'ai emprunté à la biographie d'Eglington par J. Farmer :

« J'ai, dit-elle, assisté à diverses séances de maté« rialisation chez des amis, *mais je ne fus réellement* « *convaincue que du jour où il m'a été possible* « *d'avoir chez moi une séance, à laquelle ont assisté* « *mon père, mon frère et un ami, tous trois non* « *spirites*. Nous baissâmes la lumière, mais de façon « à nous voir les uns les autres. (Eglington était au « milieu d'eux, point important à constater.) Egling« ton tomba *entrancé* (en léthargie) et cinq ou six « minutes après nous fûmes très impressionnés de « voir une forme nuageuse passer entre M. Egling« ton et moi. Mon père reconnaissant la figure « pour être celle de feu ma mère, s'écria : Est-ce « bien vous? Oui, répondit la forme. Pendant que « nous la regardions, une autre forme plus petite « vint se placer entre la première forme et moi, et « à divers côtés caractéristiques et tout intimes, je « reconnus que c'était un frère mort douze ou treize « ans avant. *En voyant ces deux formes, et en même* « *temps M. Eglington qui était près de moi et dont* « *on tenait les mains, il m'était impossible de n'être* « *pas convaincue de la réalité du phénomène*. Les « formes disparurent lentement et comme s'estom« pant dans l'air. »

Dans une séance chez M. Macdougal Grégory, *Eglington étant tenu par deux personnes*, une forme s'éleva du plancher; elle était plus grande que le médium et couverte d'une draperie blanche. Tout d'un coup la forme s'affaissa et disparut, ayant sans doute épuisé la force fluidique qui lui permettait de se montrer. *Eglington était cette fois aussi au milieu des assistants, qui tous virent la forme.*

En 1877, il y eut une séance très intéressante à laquelle assista le docteur Carter Blake (qui en a donné un récit), ainsi que le capitaine James, M. F. Collingwood, M. B. Mawson, M. Cutle et Mme Tennyson. Eglington habillé tout de noir fut placé dans une chambre où il tomba *entrancé*. Presque aussitôt on vit apparaître une grande figure brune. Quelques personnes ayant demandé que cette forme et le médium fussent vus en même temps, on tira les portières qui fermaient la chambre où se trouvait le médium, et on vit alors la forme brune près d'Eglington assis dans un fauteuil. Ceci n'ayant pas semblé suffisant pour tout le monde, la forme fit quelques pas de côté et se tint en face d'Eglington qui s'était levé de son siège et tordait ses bras d'une façon convulsive. Cette fois le doute n'était plus possible, dit le docteur Blake, et tous les assistants purent constater ce phénomène pendant cinq ou six minutes. Ensuite Eglington s'étant assis de nouveau, *la forme parut se fondre dans le corps du médium et s'unir avec lui à la hauteur de la poitrine.*

« Immédiatement après, dit le docteur Blake, je
« pénétrai dans la chambre et m'assurai qu'Egling-

« ton était bien endormi, en examinant avec soin
« les moindres détails; aussi je considère cette séance
« comme très remarquable. »

Au sujet de cette forme brune de teint et ayant pris le nom d'*Abdulah*, voici deux témoignages aussi curieux l'un que l'autre :

Florence Marryat dit dans son livre qu'elle a vu cette forme matérialisée dans des conditions où toute tricherie était impossible. Cette forme n'est pas de celles qu'on peut imiter facilement, car elle a six pieds deux pouces de haut, un nez aquilin, des yeux noirs et tous les côtés caractéristiques des orientaux qu'elle a été à même de juger longuement dans l'Inde.

« A quiconque prétendrait que M. Eglington peut
« jouer le rôle d'Abdulah, ajoute Fl. Marryat, je
« répondrai que c'est matériellement impossible.
« Non seulement, vu la rapidité de la matérialisation,
« Eglington n'aurait pas le temps de se déguiser
« pour ce rôle, mais de plus il y a chez *Abdulah,*
« *cette élasticité des os particulière aux Orientaux,*
« *et qu'aucun Anglais ou Européen ne pourrait imi-*
« *ter. Les mains et les pieds sont aussi ceux d'un*
« *Oriental.* »

Un autre témoignage encore plus important est celui d'A. Russel Wallace, le naturaliste émule de Darwin, dont j'ai déjà parlé [1]. Voici ce qu'il dit dans *une des lettres particulières* qu'il m'a fait l'honneur de m'écrire et qu'il m'a permis de publier :

---

1. Russel Wallace et W. Crookes, sont deux des plus grands savants de l'Angleterre. Tous deux font partie de la Société royale de Londres (l'équivalent de notre Académie des sciences).

« Je sais que l'esprit prenant le nom d'*Abdulah*
« paraît sans qu'on puisse supposer qu'il y ait
« fraude. Je l'ai vu *dans une maison particu-*
« *lière*, où Eglington donna une séance devant vingt
« personnes. On suspendit un rideau dans un coin
« de la pièce où se tenaient les assistants, et Egling-
« ton s'assit derrière ce rideau. (Il ne pouvait donc
« bouger sans être vu de tout le monde.) *Abdulah*
« parut, vêtu d'un habillement blanc, ayant les pieds
« nus dans des sandales et un large turban ; il vint
« à un pied de moi, et je pus l'examiner car le gaz
« n'était qu'à moitié baissé. Aussitôt après, la forme
« disparut derrière le rideau où se trouvait Eglington
« *en habit noir* et *entrancé* (en léthargie) sur un
« fauteuil. Dès qu'Eglington fut réveillé, *on décida*
« *qu'il serait fouillé, afin de savoir s'il n'avait pas*
« *sur lui de quoi se déguiser*. Cela ne sembla pas
« faire plaisir à Eglington, mais il accepta. Deux de
« mes amis et moi furent choisis pour cette recher-
« che. Nous examinâmes d'abord les murs, le tapis,
« etc., dans l'endroit où était Eglington, puis nous
« le conduisîmes dans une chambre à coucher où il
« se déshabilla complètement. Chaque objet de toi-
« lette passa par nos mains et fut fouillé et examiné
« avec soin. *On ne trouva absolument rien*. Le
« turban, les sandales, la tunique blanche avaient
« disparu avec la forme d'Abdulah. Pourtant, il peut
« se faire qu'*Abdulah* soit le corps spirituel (psy-
« chique) du médium transfiguré, et si quelqu'un
« avait saisi brusquement la forme, il aurait peut-
« être trouvé que c'était Eglington (revenant à sa
« forme naturelle) et on l'aurait accusé d'impos-
« ture.

« Nous avons beaucoup de preuves que la maté-
« rialisation peut se produire de différentes façons,
« mais je trouve qu'il n'est pas juste d'appeler le
« médium un imposteur, s'il est transfiguré dans
« une matérialisation. Je crois que cela arrive sou-
« vent sans que le médium en ait conscience, et
« c'est un phénomène presque aussi étonnant que
« la matérialisation qui est assez rare.

« *Eglington a donné tant de séances dans des*
« *conditions indiscutables, et son pouvoir comme*
« *médium était si grand, que je ne le crois pas*
« *assez bête pour s'être servi de fausses barbes et de*
« *draperies en gaze, qui auraient été découvertes*
« *bien vite.*

« Sans doute il y a de faux médiums, mais ceux
« qui ont la prétention de démasquer les vrais mé-
« diums n'aboutissent qu'à un résultat, *prouver*
« *leur ignorance*.

« Signé : Alfred Russel Wallace. »

28 mars 1893.

Voici encore une curieuse lettre qu'il m'a écrite en décembre 1892. Comme je m'étonnais que dans son livre « *Le moderne spiritualisme* », A. Russel Wallace n'ait rien dit du phénomène de matérialisation, voici ce qu'il a répondu :

« A l'époque où j'ai écrit mon livre je n'avais pas
« encore vu de matérialisations, et ce phénomène
« s'était rarement produit en Angleterre.

« La théorie que les formes matérialisées ne sont
« en réalité que le corps psychique du médium mo-
« difié en apparence, *peut être vraie dans certains*
« *cas*, mais je ne la crois pas générale. Les nom-

« breux cas où le médium est éveillé et conscient,
« lorsque les formes paraissent, aussi bien que
« les cas où beaucoup de formes se montrent en
« même temps, sont en opposition avec ce point
« de vue.

« La matérialisation, comme tous les autres phé-
« nomènes arrive à divers degrés de perfection et
« se produit probablement de différentes façons.
« Dans certains cas, le corps psychique du médium
« sort de lui et, dégagé de tous liens matériels, se
« présente tellement transfiguré dans sa physiono-
« mie et ses vêtements, qu'il peut paraître un être
« distinct. C'est ce genre de matérialisation qui a
« servi de prétexte à tant de personnes, pour affir-
« mer qu'elles ont démasqué des médiums. C'est un
« merveilleux phénomène, mais un peu moins éton-
« nant que les formes plus parfaites de la matériali-
« sation. Mon opinion personnelle est que toute
« matérialisation est l'œuvre d'êtres spiritualisés,
« qui font de leur mieux pour se produire dans les
« conditions qui se présentent au moment de la
« séance.

« Quelquefois, la forme matérialisée ne semble
« qu'un masque, incapable de parler et de se rendre
« tangible à un être humain. Dans d'autres circon-
« stances, la forme a tous les côtés caractéristiques
« d'un corps vivant et réel, pouvant se mouvoir,
« parler, écrire même, et chaude au toucher [1]. Elle
« a surtout une individualité et des qualités physi-

---

1. Voilà un témoignage (sans compter beaucoup d'autres) qui détruit complètement la légende des revenants aux mains glacées et aux voix sépulcrales.

« ques et mentales tout à fait différentes de celles
« du médium.

« J'ai vu des formes de ce genre dans des mai-
« sons particulières où le médium venait en simple
« visiteur, sans appareils ou sacs à trucs, et où tout
« essai de tromperie soit du médium, soit de com-
« pères, était tout à fait impossible.

« Ces êtres, réels pendant un certain temps, dis-
« paraissent complètement en quelques minutes, et
« souvent on peut assister à leur dissolution. Dans
« ce dernier cas, il est difficile de ne pas croire que
« l'esprit possédant cette personnalité ne soit pas
« présent.

« Les apparitions et les matérialisations ne sont
« évidemment que des modes légèrement différents
« du même phénomène [1].

« *Quelques apparitions ne sont que de simples*
« *images, se produisant dans un but déterminé, et*
« *peuvent aussi bien imiter un dessin de fantaisie*
« *qu'une personne réelle.*

« Signé : A. Russel Wallace. »

Ce dernier passage que j'ai souligné, était une réponse à une question posée par moi au sujet du fait suivant. J'avais lu dans le traité de science occulte par Papus, que M. Donald Mac-Nab (ingénieur des arts et manufactures) lui avait montré en 1889 un cliché photographique représentant une matérialisation de jeune fille qu'il avait pu toucher, ainsi

---

1. Une forme matérialisée n'est probablement qu'un fantôme condensé, passant de l'état fluidique à l'état semi-matériel, comme la vapeur d'eau peut devenir de la glace.

que six de ses amis ; or, cette apparition n'était que la reproduction *matérielle* d'un vieux dessin datant de plusieurs siècles, et qui avait beaucoup frappé le médium.

L'explication d'A. Russel Wallace me semble très plausible, et de plus je crois que ce vieux dessin, qui avait tant frappé le médium étant éveillé, pourrait très bien être le portrait d'une jeune fille morte plusieurs siècles avant et qui se serait *matérialisée* pour la circonstance.

Mais je ne crois pas, comme Papus, que dans ce cas, *l'idée du médium* se soit *objectivée,* en s'alliant à certaines forces peu connues de la nature.

La théorie des idées-forces me semble encore bien incertaine et un peu trop métaphysique. Je préfère à toutes les théories, si ingénieuses qu'elles puissent être, des faits bien nets et bien documentés.

Je dois, du reste, constater que Papus ne considère pas cette hypothèse comme une explication suffisante de tous les phénomènes, entre autres des cas où le double (ou corps psychique) du médium apparaît derrière les formes matérialisées (expérience du peintre James Tissot).

Voici cette expérience telle que la raconte J. Farmer dans sa biographie d'Eglington :

« La séance eut lieu chez le peintre J. Tissot, et
« en dehors de lui et du médium, il n'y avait de
« présents que deux dames et un monsieur.
« M. Eglington s'assit dans un fauteuil près de
« M. Tissot et y resta tout le temps. *Les portes furent fermées à clef.* Après quelques instants,
« deux formes parurent côte à côte sur la gauche
« de M. Tissot ; elles étaient d'abord indistinctes,

« mais peu à peu devinrent visibles, au point qu'on
« pouvait distinguer tous les traits. La forme mâle
« portait à la main une sorte de lumière très vive
« avec laquelle elle éclaira la figure de la forme
« féminine. M. Tissot reconnut immédiatement
« cette dernière et très ému lui demanda de l'em-
« brasser, la forme le fit plusieurs fois et on vit ses
« lèvres remuer, puis au bout de quelques minutes
« elle disparut. »

Ce qui ajouta encore au côté frappant du phénomène, c'est que le corps psychique d'Eglington parut derrière les deux autres formes. *Il y eut donc triple matérialisation.*

Ce cas prouve que toutes les matérialisations ne peuvent pas s'expliquer par le fait du corps psychique du médium se transfigurant ou servant d'enveloppe à l'intelligence désincarnée qui se manifeste. Ainsi, dans la séance chez M. J. Tissot, deux formes matérialisées se sont présentées indépendamment du corps psychique du médium.

M. A.-E. Whaite, un écrivain anglais qui a beaucoup écrit sur les sciences occultes, donne une explication assez originale de ces matérialisations multiples ; il dit que la seconde forme matérialisée sort de la première et la troisième de la seconde, comme une grosse bulle de savon en engendre d'autres. Ce n'est qu'une simple hypothèse quoique très curieuse, mais je crois que nous ignorerons encore bien longtemps les lois qui président à la matérialisation. En tous cas, *elles tiennent de bien près à la création de l'homme*, et le jour où nous pourrons connaître ces lois, un des plus grands secrets de la nature nous aura été dévoilé.

Revenons à Eglington. Pendant un séjour qu'il fit chez le docteur Nichols (aux eaux de Malvern) ce dernier eut une séance intime de matérialisation dont il a fait le récit. On improvisa un coin obscur en suspendant deux schalls à un angle du salon, et Eglington s'assit dans cette sorte de réduit. Six personnes étaient présentes, le docteur, sa femme et quatre amis. *La pièce était éclairée par une bougie devant laquelle le docteur plaça sa main en manière d'abat-jour, et pour empêcher la lumière de gêner le phénomène.* La première forme qui se manifesta était celle d'un enfant de trois ou quatre ans, il parut entre l'ouverture laissée par les deux schalls et se tenait près d'Eglington. Cette forme disparut assez vite et fut remplacée par celle d'une indienne d'environ treize ans. Le docteur ayant manifesté le désir de voir cette forme de près, elle vint jusqu'au sopha où il se trouvait et lui embrassa la main. La figure, dit le docteur Nichols, était large et la draperie dont elle était entourée, me sembla dure au toucher, quoiqu'ayant l'air diaphane. Puis une tête parut sans corps visible, elle s'effaça et reparut avec un corps habillé tout de blanc. La forme alla vers la table du salon et la poussa en avant, pour nous montrer sans doute qu'elle pouvait le faire. Une des dames présentes reconnut la figure comme étant celle de son mari, mort quatre ans avant. La forme vint vers le docteur et le regarda avec des yeux perçants, l'impression fut si terrifiante qu'il s'écria : « Retirez-vous ! » La forme se dirigea alors vers sa femme, l'embrassa sur le front, puis alla vers l'endroit où se trouvait Eglington et disparut.

Le côté caractéristique de cette séance c'est que

le médium était assis dans un angle du salon, par conséquent *absolument bloqué*, et ne pouvant sortir sans être immédiatement vu. On peut donc en conclure que les formes qui ont paru étaient des êtres désincarnés ayant pris le corps psychique du médium pour se manifester.

Une autre séance eut lieu chez le docteur Nichols *en plein jour* (ce qui est un cas très rare) dans la même pièce, et avec les mêmes précautions. Comme la lumière, même du jour, gêne les matérialisations, nous avions, dit le docteur, fermé les rideaux des fenêtres et la pièce était assez sombre. Une forme de très haute taille sortit de l'angle du salon où s'était remis Eglington. Une dame présente dit que feu son mari avait six pieds et trois pouces, mais qu'elle ne reconnaissait pas la figure. Aussitôt, la forme traversa la pièce, leva un des rideaux de la fenêtre, et laissa la lumière du jour tomber en plein sur elle; la dame le reconnut alors parfaitement. La forme s'étant mise devant nous, elle se dématérialisa lentement, et il ne resta que le bas du corps qui s'évapora subitement.

Mme Nichols ayant demandé à voir le médium et une forme *ensemble*, aussitôt Eglington, les yeux fermés, parut entre les rideaux ouverts et près de lui se tenait la forme de jeune indienne que nous avions vue déjà.

« Ces séances, dit le docteur Nichols, ont eu lieu
« dans une pièce dont les fenêtres sont à trente
« pieds du sol. Les personnes présentes étaient des
« intimes dont je suis sûr, et leur nombre n'a jamais
« dépassé six. Je connais très bien tout ce qui peut
« être fait par prestidigitation, ventriloquie, habi-

« leté de mains, etc., mais ce serait puéril d'en par-
« ler pour les phénomènes psychiques. »

Une des expériences faites chez le docteur Nichols est d'autant plus curieuse qu'on avait accumulé à plaisir les difficultés. Le médium (Eglington) fut enfermé dans une sorte de cage entourée d'un filet, et la porte de cette cage fermée avec des nœuds scellés. Comme comble de précaution, on avait jeté de la farine tout autour de la cage. Il était donc humainement impossible de sortir de cette cage sans être découvert; or, dans ces cas-là, quand un prisonnier s'échappe il est sauvé, tandis qu'un médium est perdu. Malgré ce luxe de précautions, les matérialisations eurent lieu.

Dans une autre séance, on expérimenta sur le point suivant : A quelle distance une forme matérialisée peut-elle s'éloigner de son médium ? Le docteur obtint la réponse suivante : « Plus la forme
« matérialisée s'éloigne du médium, plus elle doit
« lui emprunter de sa force vitale, et dans certains
« cas la vie du médium dépend de la promptitude
« avec laquelle la forme revient à lui. »

Il y a des expériences qui épuisent le médium, dit le docteur, car cette fois-là, Eglington se réveilla dans un état complet de faiblesse, et couvert de sueur, quoique le temps fût très frais.

M. Dawson Rogers (un des fondateurs de la Société des recherches psychiques) raconte que le 23 mai 1884, il eût chez lui une séance d'autant plus curieuse *qu'Eglington était assis au milieu des assistants,* entre la femme de M. D. Rogers et lui. Tout d'un coup une tête et un buste parurent; la figure était l'image frappante de Frank, un fils de

M. Dawson mort depuis douze mois; il mit son bras autour du cou de M. Dawson et l'embrassa. La figure de la mère de Mme Dawson parut aussi et très reconnaissable.

En 1878, Florence Marryat et son mari, le colonel Lean, assistèrent à une séance où parut Émilie une sœur de Fl. Marryat, morte depuis six ans. Pour être sûrs que ce n'était pas un effet de leur imagination, le colonel Lean et sa femme demandèrent aux assistants comment était la forme. On la leur décrivit comme ils la voyaient, et quand Émilie leur tendit la main, ils redemandèrent aux assistants ce que faisait la forme. Même réponse exacte. Fl. Marryat et son mari n'avaient dit à personne que dans un message d'écriture directe, Émilie les avait prévenus que pour bien se faire reconnaître, outre la ressemblance, elle leur tendrait la main droite.

Dans une séance *chez des amis*, Fl. Marryat dit qu'elle était assise à côté d'Eglington, lorsque la forme matérialisée se dégagea de son corps, et sous une bonne lumière. Les yeux d'Eglington étaient fermés et il respirait lourdement. Nous vîmes une substance blanchâtre et nuageuse sortir de la hanche gauche du médium; peu à peu ce nuage augmenta de volume, puis tout d'un coup s'évapora, et à la place une forme entièrement matérialisée se tint devant Eglington. Voici les noms des assistants de cette séance mémorable : C. Lean, M. Russel-Davies, R. Stuart, A Vynch, Éva Stevens, F. Marryat, W. Morgan et Florence Marryat (Mme Lean).

John Farmer (le biographe d'Eglington) a interrogé chacune de ces personnes séparément, et leur récit concorde parfaitement sauf de légers détails.

Appeler cela une hallucination collective serait *positivement* puéril. Les gens à vue normale pourront trouver ces faits invraisemblables, mais les gens à bon sens normal penseront qu'il y a là un phénomène étrange dont les lois sont encore inconnues.

J. Farmer dit que, depuis 1885, il a fait de nombreuses recherches *sur ces formes matérialisées*.

« Des côtés incomplets, ajoute-t-il, ont rendu
« perplexes les gens qui se sont occupés du plus
« délicat et du plus étonnant des phénomènes
« psychiques. Des résultats importants ont été obte-
« nus, mais nous ne sommes encore qu'au début de
« l'enquête. »

J. Farmer a remarqué, comme d'autres psychistes, que pendant la gestation du phénomène de matérialisation, une sorte de lien fluidique relie la forme matérialisée au médium. Il y a une analogie, bien curieuse à constater, entre ce lien fluidique et le cordon ombilical qui relie l'enfant à la mère.

Pendant toute les séances de matérialisation, J. Farmer prenait des notes, comme l'ont fait W. Crookes, le baron Hellenbach et bien d'autres, qui savaient que ce phénomène n'a aucun rapport avec ce que la science officielle appelle des hallucinations.

Ces phénomènes de matérialisation sont étonnants, mais n'oublions pas qu'ils ont des côtés *très dangereux*, et qu'on ne doit admettre à ces séances que des personnes déjà au courant des choses psychiques. Les anciens qui n'étaient pas plus bêtes que nous, avaient établi dans les temples de la Chaldée, de l'Inde et de l'Égypte, des degrés d'initiation ou d'enseignement psychique. Le profane n'était pas plus admis à connaître divers secrets ou à voir certains phénomènes, qu'on n'admettrait actuellement le premier venu dans un bureau télégraphique ou un atelier de photographie. L'ignorant brouillerait tout, casserait tout, et n'en saurait pas davantage pour ça.

Un magistrat a posé ce principe qu'un fait peut être établi par le témoignage de gens de bonne foi, selon le lieu, le temps et les circonstances où ce fait est arrivé. On peut appliquer ce principe aux phénomènes psychiques, même les plus étranges, comme la matérialisation, car les faits que je cite sont tous attestés par des gens de bonne foi, d'un caractère froid et posé, et par beaucoup de savants dans divers pays.

Les affirmations de dix hommes seulement qui ont vu et étudié le passage de Vénus, sont plus puissantes que les négations de dix mille hommes et plus qui n'ont ni vu ni étudié ce phénomène astronomique.

*
* *

Un des plus puissants médiums dont nous parle Fl. Marryat, est un M. Arthur Colleman *qui ne faisait des expériences qu'en particulier ou chez des amis.* Chez M. et Mme Neville eut lieu une séance des plus curieuses comme matérialisation. M. Colleman fut placé dans un petit salon dont une porte était fermée à clef et l'autre ouverte sur le grand salon. M. Colleman fut attaché sur une chaise avec du coton blanc que le moindre mouvement aurait brisé, et ses bras furent cousus derrière le dos. *Le salon était éclairé par un bec de gaz*, et malgré toutes ces condition particulières, plusieurs matérialisations se produisirent. Pendant un moment, dit Fl. Marryat, il y eut jusqu'à six formes présentes, et nous n'étions que cinq assistants; puis la forme astrale ou fluidique d'A. Colleman parut aussi, à notre profonde stupéfaction.

Aussitôt après les autres formes disparurent et nous entrâmes dans le deuxième salon où M. Colleman était toujours endormi, comme nous l'avions laissé, avec ses nœuds intacts.

Un fait curieux, dit Fl. Marryat, c'est que les apparitions ne viennent jamais quand on les attend ou on les désire, c'est toujours d'une façon imprévue qu'elles se produisent.

* * *

Voici d'autres cas de matérialisation racontés par H.-J. Brown, l'anglais d'Australie dont j'ai déjà parlé.

Ayant appris qu'il y avait à San-Francisco un excellent médium, Mme Moore, il s'arrangea avec elle pour avoir une séance particulière où sa famille seule serait présente. Mme Moore leur fit visiter tout son appartement et la pièce où elle devait se tenir.

Le père et la mère de M. H.-J. Brown se matérialisèrent et furent reconnus par eux. La gouvernante de leurs enfants, Miss Réa, vit et reconnut plusieurs parents, mais le plus curieux phénomène fut l'apparition d'un clergyman que Miss Réa avait connu; il montra sa gorge comme s'il ne pouvait pas parler, puis disparut. A cette époque, Miss Réa ne savait pas que ce clergyman était mort, elle l'apprit plus tard en arrivant à New-York, et on lui dit qu'il avait succombé *d'un cancer très douloureux à la gorge*.

Le côté caractéristique de cette séance, c'est que les assistants ont cru qu'en montrant sa gorge, la forme matérialisée du clergyman faisait signe qu'elle ne pouvait pas parler, tandis que son but était d'indiquer qu'elle avait été atteinte à la gorge. Les deux faits réunis se complètent d'une façon frappante. Dans une autre séance avec les mêmes personnes, il y eut une matérialisation non moins intéressante. Un mécanicien du nom de Charlie, et qui travaillait pour ce M. Brown, en Australie, fut broyé par imprudence. On le rapporta mourant à Melbourne, et il ne put prononcer que quelques mots ; M. Brown comprit qu'il lui recommandait sa femme, et grâce à une souscription, cette femme put tenir une petite boutique et ne pas tomber dans la misère. « C'est « bien la dernière personne à laquelle je pensais, « dit M. Brown, car j'ai employé des ouvriers de « toutes sortes ; aussi quand sa forme matérialisée « parut devant moi, je ne la reconnus pas. Tout d'un « coup, ma femme qui avait bien examiné la forme « s'écria : « Mais c'est l'homme qui a été broyé dans « notre établissement! » La figure de la forme maté-« rialisée s'éclaira, et elle fit signe de la tête que oui, « puis en s'approchant dit d'une voix basse : « Merci, « merci. » Ce qu'il y a de plus curieux dans ce fait, c'est que l'apparition n'a pas eu lieu en Australie après l'événement, mais très longtemps après en Amérique, pendant un voyage et lorsque ces détails étaient oubliés.

Dans une séance qui eut lieu en Australie chez un des amis de M. Brown, on suspendit un rideau dans un angle du salon, *et le médium, qui était aussi un de leurs amis*, se retira derrière le rideau. *Personne ne pouvait entrer dans ce cabinet improvisé ou en sortir sans être vu.*

La première forme qui parut était celle du fils de M. Brown qui était mort en mer. Pendant que M. Brown examinait cette forme, sans rien dire, plusieurs des assistants s'écrièrent : « *Tiens, voilà Willie Brown.* » Ce qui me prouva bien, dit M. H.-J. Brown, que je ne rêvais pas. Un autre de ses fils se matérialisa, et il tient, dit-il, à constater que ses fils avaient près de six pieds de haut et parurent avec cette taille, tandis que le médium était de taille ordinaire. Les formes essayèrent de parler, mais ne le purent pas. Une douzaine d'autres formes matérialisées se présentèrent après mes fils.

« *Je comprends très bien, dit M. Brown, que ceux*
« *qui n'ont pas assisté à des séances particulières*
« *de matérialisation, hésitent à admettre des phéno-*
« *mènes aussi extraordinaires ; mais quant à moi,*
« *je ne doute plus que les désincarnés puissent*
« *reparaître sous des formes étant la reproduction*
« *exacte de leurs corps physiques d'autrefois.* »

Je ne saurais trop répéter que ces formes ne sont pas des corps de chair et d'os, mais des imitations de corps dont la substance réelle nous est en partie inconnue. Elle est très probablement composée de parcelles vitales et de matières radiantes empruntées au médium et aux personnes présentes.

« Quant à la ressemblance avec une personne
« morte, elle n'est souvent pas complète du premier

« coup, m'écrivait A. Russel Wallace, dans une de
« ses lettres. Quelquefois, dans la même séance, une
« forme apparaît à différents degrés de ressem-
« blance avec ce qu'elle était de son vivant. Ces
« êtres ne paraissent pas en état de nous dire com-
« ment ils se matérialisent. C'est une faculté exercée
« par la volonté de certains esprits supérieurs (ceux
« que les spiritualistes anglo-américains appellent
« esprits-guides) et il est très probable que ce don
« est aussi rare parmi les désincarnés que les mé-
« diums à matérialisation le sont chez les incarnés. »

Comme on le voit, ces phénomènes sont d'une nature très complexe, et leur étude en est difficile, car les médiums à matérialisation sont rares, et ceux qu'on peut trouver en particulier ne se soucient guère de servir de sujets aux expérimentateurs plus ou moins scientifiques.

M. Donald Mac-Nab (mort dernièrement), ingénieur des arts et métiers, est une des rares personnes en France (du moins à ma connaissance) qui ait pu faire des expériences de matérialisation. Il les a publiées en 1888-89; mais quant à ses théories pour expliquer le phénomène, elles sont si complètement en opposition avec toutes les expériences de ce genre faites dans beaucoup de pays, que ses hypothèses sont fort peu admissibles. M. Mac-Nab a voulu amadouer les savants, mais ceux-ci n'ont pas mordu..... d'aucune façon. Voici la phrase qu'il leur décoche :

« Les expériences de W. Crookes et d'Aksakoff
« (conseiller du czar) au sujet des matérialisations
« sont tellement péremptoires, qu'il faut avoir sur
« les yeux les écailles du scientisme officiel, pour ne

« pas les considérer comme classiques et définitives.
« Je n'ai pas à examiner si la matérialisation est un
« fait vraisemblable ou non, la vraisemblance n'est
« pas un caractère scientifique ; je dis seulement
« que *cela est*, parce que *j'ai vu, j'ai senti, j'ai pho-*
« *tographié, dans des conditions où ma bonne foi*
« *ne pouvait être surprise.* Ces expériences sont
« excessivement graves, et le premier observateur
« venu, fût-il un médecin, n'est pas apte à les faire.
« Il y a une foule de précautions à prendre, et si on
« les néglige on n'obtient rien, ou il arrive des acci-
« dents.

« Ces formes ne sont pas toujours complètes, j'ai
« observé souvent des mains et des bras isolés, des
« têtes, des étoffes. Le fantôme a quelquefois le visage
« du médium, mais quelquefois aussi l'apparence
« physique est tout à fait différente. Dans les cas
« que j'ai observés, la forme représentait une femme
« alors que le médium était un homme avec de la
« barbe [1]. »

Il est curieux de constater que tous les récits de
matérialisation, soit en Angleterre, en Amérique, en
Russie, en Suède, en Allemagne, en Autriche, en
France, concordent entièrement. Voici ce que dit
M. Mac-Nab à ce sujet :

« Des vapeurs blanchâtres sortent d'abord de la
« poitrine du médium. Une boule de feu se meut
« devant lui et s'entoure d'une sorte d'étoffe qui
« s'agite sans cesse en s'arrondissant. La tête est
« faite, les mains paraissent, et l'apparition marche

---

1. C'est une preuve frappante que la forme n'est pas toujours un double du médium.

« et parle. C'est une sorte de génération spon-
« tanée. »

Je trouve qu'il y a une bien étonnante analogie entre ce procédé de formation et celui qu'on nous a enseigné au sujet des planètes. Que nous disent les astronomes ? C'est qu'à son début, la terre était incandescente et entourée d'une partie gazeuse et nuageuse ; elle tournait sur elle-même, et quand la partie nuageuse s'est évaporée, la terre a paru entièrement formée.

Dans la matérialisation, une boule de feu entourée d'une partie gazeuse et nuageuse tourne sur elle-même, et quand la partie vaporeuse a disparu, la forme paraît entièrement matérialisée. On dirait un procédé identique, et je crois de plus en plus que la matérialisation tient de bien près aux lois de la création.

En Russie, Aksakoff a étudié ces phénomènes, et il a obtenu dans la paraffine des moulages de mains matérialisées qui sont une des preuves les plus frappantes de la réalité des faits. M. de Bodisco, chambellan du czar, a publié dans *l'Initiation* de février 1893, de fort curieuses expériences de matérialisation qu'il a faites avec Mlle K**.

« Je n'hésite pas, dit-il, à déclarer que le corps
« astral (ou psychique) est le plus important de
« tous les corps dans la nature, malgré la persis-
« tance des sciences expérimentales à l'ignorer.
« Ce corps est gouverné par des lois dont l'étude
« portera la lumière dans bien des cœurs, cher-
« chant à être consolés par une preuve réelle de
« la vie future. Ce corps constitue la seule partie
« matérielle du corps humain qui soit *impérissable*.

« C'est *le zoo-ether*, matière primordiale ou force
« vitale. »

Quatre photographies ont été prises par M. de
Bodisco ; elles montrent les divers degrés de matérialisation, depuis l'apparition du fluide astral ou
psychique entourant le corps du médium, jusqu'à
la condensation d'une forme dont on ne voit que la
tête, le reste du corps semblant drapé dans une
sorte de gaze. A côté de la forme, on aperçoit le
médium en léthargie sur un fauteuil. Ces photographies offrent les mêmes aspects que trois dessins de M. Keulemans, un peintre anglais qui a
beaucoup étudié la matérialisation. Il a fait au pas-
tel divers dessins *pendant et après* les séances auxquelles il a assisté. Le premier représente le médium *entrancé* et toute sa poitrine entourée d'une
substance nuageuse. Au bout de peu de temps, dit
M. Keulemans, on voit (les séances ont eu lieu à la
demi-lumière) un objet sombre (avec un point lumineux au milieu) qui tourne d'une façon circulaire.
Le second dessin montre le point lumineux allant
en augmentant ainsi que la partie nuageuse. Le
troisième dessin nous présente la forme matérialisée devant le médium qui est debout et a les yeux
fermés, un des assistants semble le soutenir. Un
lien fluidique comme une chaîne d'étoiles lumineuses relie la forme matérialisée au médium.

M. Keulemans a dessiné aussi différentes lumières, qui paraissent dans ces séances de matérialisation. La température des lumières rouges est
celle du sang humain chaud, ce sont des sortes de
disques brillants qui sont souvent tenus par des
nains lumineuses. *Certaines parties de ces disques*

ressemblent exactement à la matière grise du cerveau ; leur pouvoir radiant est plus ou moins marqué.

On peut supposer que ces disques ne sont que de la matière radiante ou de la lumière odique de Reichenbach, mais la main lumineuse qui tient ces disques rend la question plus complexe.

Quelquefois, dit M. Keulemans, ces lumières prennent la forme d'une croix (ce qui est pour le moins bizarre).

*
* *

Parlons maintenant du baron Hellenbach, ce philosophe autrichien qui a beaucoup écrit sur les phénomènes psychiques. Il a étudié la matérialisation avec deux médiums allemands, Bastian et Mlle Tœpfer, qui vint de Leipzig à Vienne sur l'invitation du baron. Ce dernier eut avec elle plusieurs séances, dont la plus curieuse est celle où le médium (Frau Tœpfer), assis sur un sofa, fut entouré d'un filet cloué de tous côtés au plancher. Mlle Tœpfer ne pouvait donc sortir de cette prison d'un nouveau genre. Malgré tout, les matérialisations eurent lieu. Un médecin, le docteur Fieber, et deux autres personnes assistaient à la séance. « Une « forme parut, dit Hellenbach, et me permit non « seulement de la toucher, mais aussi de l'accom- « pagner près du médium. La forme leva alors le « rideau, et grâce à la lumière qui pénétra dans la « pièce où était Mlle Tœpfer, nous pûmes la voir « endormie et à côté d'elle la forme debout. Le mé- « dium était très pâle et les bras pendaient le long « du corps. »

Qu'on n'oublie pas que la séance a eu lieu chez le baron, et qu'il était impossible au médium d'amener un compère.

Avec Bastian, Hellenbach eut aussi diverses séances. L'une des plus intéressantes est celle où six formes matérialisées parurent successivement : 1° un homme vêtu de noir, rasé, et dont on ne vit que le buste ; 2° une grande femme avec des cheveux noirs, et dont la figure n'était pas très nette ; 3° une jeune fille d'environ douze ans, blonde, et vêtue de blanc ; 4° un indien de sept pieds de haut ; 5° une religieuse habillée de blanc ; 6° un homme à la figure glabre.

Vu les précautions prises, il était impossible au médium (Bastian) de personnifier ces six formes, ou de se faire aider par des compères.

*
* *

Des cas très curieux de matérialisation ont été récemment étudiés en Amérique.

Au mois d'octobre 1892, *à la demande du professeur Elliott Coues*, Mme Lucy Stout, une dame américaine du Michigan (États-Unis), a publié, dans le journal religioso-philosophique, le récit d'une séance particulière de matérialisation à laquelle elle assista. « Je puis, dit E. Coues, garantir la parfaite bonne « foi de Mme Stout et ses grandes qualités d'obser- « vation. »

La séance eut lieu dans une maison en bois de Kansas City. Six personnes étaient présentes, plus le médium, Mme Roselle, la femme d'un pauvre laboureur aussi ignorant qu'elle. La maison n'avait que deux pièces que Mme Stout visita avec soin. On improvisa un cabinet noir avec un rideau dans l'angle d'une pièce, et les assistants se placèrent en cercle autour du rideau. La lampe qui les éclairait fut un peu baissée, mais on voyait et on distinguait parfaitement les assistants et leurs moindres mouvements.

Parmi les formes qui se matérialisèrent, celle d'une jeune fille fut reconnue par un des assistants et sa femme, qui déclarèrent à Mme Stout que la figure était exactement celle d'une de leurs filles morte quelques mois auparavant. Si ce n'est pas elle, dirent-ils, c'est une ressemblance plus qu'extraordinaire, car la figure n'a aucun rapport avec les traits du médium. « Ce qui me frappa le plus, dit « Mme Stout, c'est que cette forme en se rapprochant « du cabinet où se trouvait le médium, devenait nua- « geuse et transparente, puis elle se transforma en « une masse lumineuse qui finalement disparut. A la « fin de la séance, on ouvrit les rideaux du cabinet, « et Mme Stout vit le médium dans une sorte d'état de « prostration, et baigné de sueur froide. *La dématé- « rialisation a eu lieu devant les assistants.* »

A la fin de 1891, la *Société de recherches psychiques des États-Unis,* présidée par le révérend M. J. Savage, de Boston, a fait différentes expériences dont la plus importante mérite d'être citée. Le récit de cette mémorable séance a été signé par les membres présents de la dite société qui compte dans ses rangs des hommes comme le docteur Heber Newton, M. A. Livermore, et un certain nombre de gens marquants dans les sciences et les lettres. Un autre clergyman (très connu en Amérique), qui est aussi membre de cette Société, était présent à cette séance; il déclara après, qu'il croyait impossible et ridicule d'expliquer ces faits par des théories de fraude ou d'illusionisme. Le médium était Mme Roberts de New-York, et la séance eut lieu dans une salle (ordinairement publique) à Onset (Massachusetts). On avait construit une grande cage de fil de fer, soutenue par une charpente en bois. Cette cage fut faite par un habile ouvrier qui sut la rendre très solide. Sur le devant de la cage, il y avait une porte disposée de manière à être fermée avec un cadenas. Cette cage fut placée le long du mur de la salle qui est au deuxième étage, *et où on ne peut pénétrer que par une seule porte*. Avant que le médium n'entrât dans la cage, on avait fait examiner ses vêtements par une dame, qui déclara qu'ils étaient de couleur sombre (on verra plus loin l'importance de ce détail). Quand l'heure de la séance arriva, une soixantaine de personnes étaient réunies dans la salle, les membres de la Société psychique sur le devant. Dans l'assistance se trouvaient des médecins venus pour observer le phénomène dans des conditions aussi nouvelles.

Mme Roberts, une petite femme maigre, semblait pâle et anxieuse, car les conditions étaient tout à fait inusitées. A huit heures, Mme Roberts entra dans la cage; aussitôt le comité, composé du révérend M. Savage et d'un éminent docteur, ferma la porte avec un cadenas, et de plus fit coudre du très gros fil des deux côtés et au centre de la porte. On scella cette porte avec de la cire sur laquelle fut imprimée un cachet spécial. Tout ceci fut fait pour empêcher *matériellement* le médium de sortir de la cage. Puis on baissa le gaz et la séance commença.

Plus de *trente* formes sortirent de l'endroit où était le médium et se matérialisèrent devant lui, en pleine vue des assistants, et cela pendant une heure. Les diverses formes qui parurent étaient grandes ou petites et furent reconnues par ceux auxquels elles s'adressèrent. La matérialisation de diverses formes en dehors de la cage présenta un spectacle des plus émouvants. D'abord une tache blanche et nébuleuse paraissait sur le plancher (devant la cage), elle grandissait peu à peu jusqu'à ce que la masse nébuleuse ait pris la forme d'un être humain *habillé de blanc*. On voyait les mouvements des mains manipulant cette vapeur blanche et la rendant graduellement consistante. Puis, tout d'un coup, une forme humaine entièrement développée se montrait aux assistants. Alors, avec une expression de joie radieuse, la forme se dirigeait vers quelqu'une des personnes présentes et on entendait les mots de « mère » ou « sœur » murmurés tout bas, puis la forme retournait comme à regret vers le médium et disparaissait.

Quelques formes d'hommes grands et forts parurent aussi, et pourtant le médium était une femme petite et mince, ce qui, dans ce cas, enlève toute probabilité à la théorie que la forme est le double du médium. Mais la plus merveilleuse des manifestations fut celle-ci : le médium, Mme Roberts, apparut subitement devant la cage, s'avançant doucement vers les assistants stupéfiés. On remonta le gaz, et les membres du comité examinèrent la cage. *Le cadenas était bien fermé, les fils avec leurs cachets intacts*, et pourtant le médium qui s'était assis dans la cage devant le comité, se trouvait dehors. Sur la demande du comité, le médium ayant interrogé les esprits ou intelligences qui avaient produit ce phénomène, l'explication donnée fut qu'ils avaient *dématérialisé* la porte de la cage, et l'avaient momentanément désagrégée. Aussitôt le médium dehors, ils avaient remis la matière à son premier état.

Selon la doctrine de la constitution atomique de la matière, la science physique affirme que tout corps solide n'est qu'une agrégation d'atomes vibrants et tournants. On peut donc supposer que des intelligences supérieures ont la faculté, par des moyens que nous ignorons, de désagréger la matière et de la réintégrer dans sa forme première, beaucoup plus vite que nous pouvons changer de la glace en eau et de l'eau en glace.

Le docteur Paul Gibier, que ses bons confrères ont forcé à s'exiler en Amérique [1], a déclaré dernièrement qu'il était forcé d'admettre le fait de la matérialisation. Pour éviter toute surprise, il a fait fabriquer une cage offrant toutes les garanties nécessaires ; il a mis cette cage dans un coin de sa chambre, et y a enfermé le médium. A différentes reprises le docteur a obtenu des formes matérialisées, de façon à exclure toute espèce de doutes. « En quoi consis-
« tent ces formes, dit le docteur ? il m'est encore
« impossible de le dire. Ce sont peut-être des éma-
« nations du médium ou son corps astral. » On voit que le Docteur P. Gibier a fait du chemin depuis son départ de France, et l'autre monde d'Amérique aura été pour lui un monde meilleur.

1. Il est actuellement directeur de l'Institut Pasteur à New-York.

Dans ces derniers temps, il y a eu encore de très curieuses expériences de matérialisations à Berlin, à Gothenbourg (Suède) et à Christiania (Norvège).

Celle de Berlin a été décrite par le docteur C. Wittig envoyé par Aksakoff qui a publié son rapport dans son journal *Psichische Studien* (les études psychiques). La séance eut lieu le 16 septembre 1893, et le médium, Mme d'Es**, assise en face des assistants, pouvait être vue par tout le monde, grâce à la lumière d'un bec de gaz qu'on avait voilé de papier rouge. Le docteur énumère les précautions qui furent prises et dit qu'environ une vingtaine de formes de tout genre parurent dans les deux heures que dura la séance.

Un autre journal allemand, « *Die ubersimliche Welt* », contient des rapports de ces séances de Berlin par diverses personnes très indépendantes de caractère. M. E. Gottschalk dit qu'à la seconde séance, il a vu le médium et la forme matérialisée *simultanément;* il ajoute que le côté sérieux des personnes présentes exclue tout soupçon de fraude, et de plus qu'il n'a jamais perdu de vue le médium. A diverses reprises, deux formes parurent à la fois.

Les rapports du professeur C. de Cynski et de M. Rahn, l'éditeur du journal, concordent sur tous les points importants. M. Rahn cite un fait qu'il trouve des plus importants, et qui confirme tout ce que je pensais moi-même du phénomène. Il vit sortir de dessus et de derrière la tête du médium un nuage blanchâtre qui descendit sur le plancher en face de Mme d'Es**, puis se changea en une sorte de colonne lumineuse de cinq à six pieds de haut. Soudain, une sorte de forme paraissant émerger du médium, et lui ressemblant, entra dans la colonne lumineuse et se changea en apparition qui glissa au milieu des assistants. M. Rahn se leva aussitôt et se penchant sur le médium le vit *entrancé* sur son fauteuil. Il paraît donc certain à M. Rahn que le corps astral (ou psychique) du médium sert quelquefois à former et à animer ces apparitions et il pense avoir eu l'occasion d'examiner le procédé. Je n'ai pas été fâché de voir cette opinion (qui a toujours été la mienne), confirmée *de visu* par un expérimentateur.

A *Gothenbourg* (Suède), les séances eurent lieu avec le médium au milieu des assistants, ce qui n'est possible qu'avec un médium très puissant.

A *Christiania*, les membres de la section des recherches psychiques eurent deux séances, les 26 et 28 mars 1893 ; ils constatèrent, comme beaucoup d'autres expérimentateurs, qu'un nuage vaporeux semblait sortir de la poitrine et du côté gauche du médium, puis diverses formes parurent.

Dans une étude sur les fantômes des morts, le professeur F.-H. Myers dit que son ami Gurney a constaté plusieurs cas où des apparences lumineuses ont du rapport avec les *apparitions véridiques*. « Quelquefois, dit-il, le fantôme paraît comme « éclairé sur un fond sombre, d'autres fois il paraît « comme un disque ou un ovale lumineux ; ou il res- « semble à un nuage lumineux. Souvent aussi, le « fantôme n'a pas de figure reconnaissable, mais « ressemble à une boule de lumière, etc. »

Eh mais ! voilà qui se rapproche beaucoup de la matérialisation, et à certains de ses effets. Patience ! M. F.-H. Myers qui s'est toujours montré très réservé au sujet de la matérialisation, en arrivera à étudier ce phénomène aussi minutieusement qu'il a étudié les fantômes des vivants et des morts.

Maintenant, passons en revue toutes les opinions ou théories émises sur ce sujet étonnant.

II

OPINIONS ET THÉORIES.

La téléplastie ou matérialisation est un phénomène si complexe, qu'en donner une explication certaine me semble, pour le moment, impossible. On ne peut qu'énumérer les diverses opinions ou théories émises à ce sujet et les apprécier.

1° L'être matérialisé est un double du médium, c'est-à-dire que son corps spirituel (selon saint Paul), ou son corps astral (selon les occultistes), ou son périsprit (selon les spirites), sort de lui et forme une contre-partie psychique ou fluidique du médium, lui ressemblant quelquefois d'une façon frappante. D'un autre côté, cette ressemblance disparaît souvent dès la seconde séance; et de plus, quand il y a trois formes présentes à la fois, cette hypothèse devient insoutenable.

Pour ma part, je crois que le corps psychique du médium sert d'enveloppe à l'être qui se matérialise, qu'il soit un esprit, comme disent les spirites, ou un élémentaire, comme l'appellent les occultistes. En les qualifiant d'esprits élémentaires, je suis convaincu qu'on ne serait pas loin de la vérité, car, la plupart du temps, ce sont des intelligences assez inférieures qui se manifestent de cette façon. Il y a de nombreuses exceptions, et les plus frappantes sont celles d'un parent ou d'un ami se matérialisant pour nous revoir ou nous prouver sa survie. Un être désincarné, se trouvant sur un autre plan d'existence que nous, a évidemment besoin d'une forme matérielle et terrestre pour se rendre tangible et perceptible à nos sens matériels. Le corps psychique du médium sert de protection contre toutes les actions ambiantes ou dissolvantes comme celle de la lumière, et c'est dans cette enveloppe que cette création momentanée a lieu.

Quand la forme n'a pas la puissance vitale et psychique suffisante, elle est obligée de rentrer dans le corps du médium. Lorsqu'au contraire, la forme a pu se matérialiser assez pour pouvoir briser le lien fluidique qui la retient au médium, elle devient une sorte d'individualité complète, pouvant marcher, parler, et disparaître ou reparaître à volonté. Cela peut sembler invraisemblable, mais, comme l'a dit un poète :

« Le vrai peut quelquefois n'être pas vraisemblable. »

2º Les formes sont des hallucinations du spectateur. — On peut admettre qu'une personne, dans divers états morbides, ait de fausses perceptions ; mais supposer que dix ou quinze personnes en parfaite santé, et dont quelques-unes sont même incrédules, puissent être toutes hallucinées au même moment et voient toutes les mêmes formes de la même façon, est une hypothèse absolument puérile. D'autant plus qu'on peut photographier ces formes et que la plaque sensible ne peut pas être hallucinée : *où il n'y a rien, elle ne reproduit rien.*

3° Les formes sont une figuration du médium se déguisant avec des masques et une robe de gaze. — Dans les séances *publiques* de matérialisation, ayant lieu avec un médium qui se fait payer, on n'a aucune garantie contre la fraude, et cela est arrivé assez souvent en Angleterre et en Amérique. Ces gens-là jouent la comédie et se font aider par des compères qui parlent, tandis que le médium ne le fait presque jamais, car on finirait par reconnaître sa voix. Tant pis pour les naïfs qui donnent 10 ou 20 francs, afin d'assister à de telles pitreries. Tôt ou tard, ces faux médiums se font prendre ; mais on ne doit pas s'étonner de telles exploitations, car, dans toutes les productions de la nature, de l'art ou de l'industrie, on trouve presque toujours l'original et l'imitation. De pareilles mystifications ne peuvent se produire chez un particulier, et surtout avec une demi-lumière permettant de voir et de surveiller les moindres mouvements. *Dans les séances que j'ai citées, des fraudes de ce genre étaient impossibles, grâce aux précautions prises même contre l'inconscience du médium, en léthargie ou non.*

4° Les formes matérialisées sont des démons ou des êtres diaboliques. — C'est la théorie de certains théologiens, et elle ne résiste pas à l'examen. D'abord, le mot de démon a été détourné de son sens réel, car il vient du grec *daïmon* ou *diamonion*, qui veut dire esprit supérieur ou inférieur aux dieux, et non esprit du mal. Dans les œuvres d'Hésiode on parle de *saints démons*, désignés pour être sur la terre les gardiens ou guides de l'humanité. Être diabolique, serait une expression plus précise ; mais, pour tous ceux qui ont expérimenté ces phénomènes, il est évident que le diable n'a rien à y voir. Jamais aucune forme matérialisée n'a cherché à nous induire en tentation ou à nous pousser au mal. Quelques-unes de ces formes peuvent à peine parler, d'autres demandent des prières, ce qui, de la part d'un suppôt de Satan, serait d'un fâcheux exemple et indiquerait une certaine inconséquence. Tout ce que ces formes disent ou font, nous prouve la survie et l'espérance d'être, après la mort, réuni à ceux qu'on aimait sur la terre. Quoi de plus consolant et de moins contraire à la religion !

5° Les formes sont les esprits des morts qui puisent dans le médium le fluide vital nécessaire pour leur communiquer momentanément *une vie factice*. — C'est la théorie spirite, elle est vraie dans certains cas et pas dans d'autres.

6° C'est le médium qui produit tout le phénomène par l'extériorisation d'une des images de son *inconscient*. — Cette théorie, aussi métaphysique qu'inexplicable, est en contradiction avec les témoignages de tous les expérimentateurs.

7° Les formes ne sont que les restes ou *coquilles astrales* qui, se joignant à un *élémental*, produisent le phénomène. — C'est la théorie des théosophes ou *bouddhistes chrétiens*, comme on les appelle à Londres, un peu ironiquement. A les en croire, la lumière astrale serait saturée de détritus humains semi-fluidiques et qui errent, non comme des âmes en peine, mais comme des ballons dont les aéronautes seraient morts et qui se promèneraient au hasard dans l'espace. Cette théorie est inadmissible : c'est comme si on supposait que les coquilles qu'on voit sur les plages, les chrysalides vides, et même les cadavres, peuvent encore agir.

8° Les formes sont des *élémentals*, ce qu'Ammien Marcellin appelait *spiritus elementorum*, ou esprits des éléments. Ces êtres, que certains occultistes et théosophes disent avoir vus, mais sur lesquels ils ne peuvent nous fournir que des données très vagues, auraient la faculté de prendre toutes les formes, d'imiter toutes les voix, de parler toutes les langues. Ce sont bien des qualités réunies.

J'admets parfaitement que, dans chaque élément, il y ait une partie intelligente, mais elle doit être très inférieure. C'est *l'âme des choses* et rien de plus. Si les élémentals existent, ils doivent être d'une nature très secondaire et probablement d'une intelligence à peine évoluée. Comment pourraient-ils donc avoir un pouvoir aussi grand et aussi néfaste. Est-il admissible que Dieu permette à ces esprits très inférieurs de jouer aux humains une comédie macabre où, prenant tous les masques (et toutes les voix), ils se montreraient sous la forme humaine et sous la figure de nos parents ou amis?

Dans aucune expérience psychique on n'a vu ou entendu un être se prétendant *élémental*. Comme le remarque le révérend S. Mosès (Oxon) : « Tous les « êtres qui se manifestent disent, *sans exception et « invariablement*, qu'ils ont vécu sur la terre. *Ils ne « sont ni anges ni démons*. Ils ressemblent aux « humains et tout ce qu'ils disent est humain. « Jamais ils ne nous présentent de monstres d'un

« type inconnu. Je n'ai pas plus besoin du diable
« pour expliquer ces phénomènes, que je n'ai besoin
« des élémentals et des élémentaires. — Si, dans
« toutes mes expériences, je n'ai trouvé aucune de
« ces entités, par contre j'ai rencontré beaucoup
« d'esprits inférieurs comme développement. »

Papus (Docteur G. Encausse), dans son *Traité d'occultisme*, nous dit que les élémentals sont analogues aux globules sanguins. Peut-être les cellules humaines ne sont-elles que des élémentals; en tous cas il est plus que probable que *chaque atome de matière a un atome intelligent qui le dirige.*

Voici à ce sujet, la curieuse opinion d'Edison (donnée par un journal de Chicago) : « Je crois que
« tout atome de matière est intelligent et tire son
« énergie d'un germe primordial. L'intelligence de
« l'homme est, selon moi, la somme totale des intel-
« ligences d'atomes dont il est composé. Chaque
« atome a un pouvoir particulier de sélection, et
« cherche incessamment à s'harmoniser avec les
« autres atomes. *Je ne crois pas que la matière soit
« inerte et n'agisse que poussée par une force exté-
« rieure.* Pour en juger, vous n'avez qu'à observer
« les milliers de moyens par lesquels les atomes
« d'hydrogène se combinent avec ceux d'autres
« éléments et forment diverses substances. Vous
« imaginez-vous que ces atomes agissent sans intel-
« ligence et mécaniquement ? ce serait une erreur
« vulgaire. Les atomes, en se réunissant et en s'har-
« monisant, prennent des formes ou des couleurs
« aussi belles que variées : tantôt ils émettent un
« parfum agréable comme s'ils voulaient exprimer
« leur contentement, et d'autres fois, pendant la

« maladie, la mort, la décomposition ou la malpro-
« preté, l'opposition des atomes constituants se fait
« immédiatement sentir par de mauvaises odeurs.
« Finalement, ces atomes se combinent chez l'homme
« qui représente l'intelligence concentrée de tous
« ces atomes.

« Le corps humain est maintenu dans son intégrité
« par l'intelligence persistante des atomes. Quand
« l'harmonie est détruite, l'homme meurt. Pourquoi
« un atome va-t-il se combiner avec l'un plutôt
« qu'avec l'autre? Parce que l'atome est intelligent
« et exerce sa volonté dans sa petite sphère. »

Quelle est l'origine de cette intelligence, demandait-on à Edison?

« — D'un pouvoir inconnu plus grand que nous. »

Croyez-vous donc à un créateur intelligent, à un Dieu personnel?

« Certainement, répondit Edison. L'existence d'un
« tel Dieu peut, selon moi, être prouvée même par la
« chimie. »

M. Bjerregaard, qui a publié une étude sur les élémentals, dit ceci : « Paracelse en a parlé longue-
« ment, mais ce qu'il en dit me semble peu clair et
« encore moins concluant », et il ajoute : « Les diffé-
« rentes définitions des monades par Leibniz corres-
« pondent exactement, sur bien des points, avec
« ce que nous disent les occulistes au sujet des élé-
« mentals. »

Sir John Herschell a écrit dans le même sens en 1865.

Voici maintenant mon opinion personnelle :

Entre l'élémental de la Kabale ou du *Vichnu-Purana*, la monade de Leibniz et l'atome intelligent d'Edison, il y a, je crois, des ressemblances frappantes et peut-être même les trois expressions ne représentent qu'une seule et même chose. Il est probable que ces petits êtres sont au développement général ce que la fourmi est à l'homme ; mais leur supposer une action prépondérante dans les phénomènes psychiques, c'est leur accorder une puissance bien supérieure à leur modeste rôle.

À ce sujet, j'ai noté un fait très curieux qui tendrait à prouver l'existence des élémentals. En 1888, le professeur Tyndall a fait à Londres une lecture sur ses observations au sujet de la sensibilité de la flamme, dans certaines conditions. « Si, dit-il, je « frappe très légèrement avec un marteau, même à « une certaine distance, la flamme double de lon- « gueur. Si je remue un trousseau de clefs dans ma « main, la flamme répond à chaque bruit. *Si je parle* « *à la flamme ou récite quelques vers, la flamme* « *saute par moments, comme si elle saisissait cer-* « *tains sons et y répondait ; tandis qu'elle reste* « *calme devant d'autres.* »

Il n'y a donc pas seulement vibrations de la flamme, mais indication d'une certaine intelligence. Peut-être la flamme n'est-elle que le mode d'action des monades ou élémentals du feu. En tous cas, il serait piquant qu'un professeur matérialiste ait donné une preuve de l'existence des élémentals ou au moins de l'âme des choses.

J'ai passé en revue toutes les théories émises au sujet de la matérialisation ; mais, selon moi, il n'y a que deux hypothèses qui soient vraisemblables et appuyées par les faits :

1º Dans certains cas, et lorsque la force psychique

du médium est faible, le phénomène a un caractère purement humain. Le corps psychique du médium se détache de lui et forme, en se condensant, une contre-partie semi-matérielle qui peut se transformer à volonté. Même dans ce cas, comme me l'écrivait A. Russell Wallace, c'est un phénomène aussi merveilleux que la matérialisation ;

2° Quand le médium est plus puissant, son corps psychique sert d'enveloppe à l'être désincarné, parent ou ami, qui veut se rendre visible et tangible.

Malheureusement, il y a bien peu de gens pouvant voir ces phénomènes étranges, car les médiums à matérialisation sont rares, et, dans tous les pays, il y en a fort peu. Aussi les savants, vu la difficulté de se procurer des sujets de ce genre, préféreront nier le phénomène : c'est plus commode, et surtout ça ne trouble pas les méthodes officielles.

Tous ceux, savants ou autres, qui ont étudié rigoureusement la matérialisation, sont arrivés à ce résultat d'une haute importance : c'est qu'on parvient à une telle probabilité que cela touche à la certitude, au sujet de la continuité de notre existence après la mort.

CHAPITRE VI

CONCLUSIONS.

Je n'ai pas la prétention de résoudre des problèmes aussi complexes et aussi redoutables que ceux des phénomènes psychiques, mais, après avoir étudié un nombre énorme de documents (sans compter mes expériences personnelles), je suis convaincu que leur réalité *objective* n'est plus douteuse que pour les gens de parti-pris. Peut-être, avec ces phénomènes, sommes-nous en présence du lien mystérieux qui unit la matière à l'esprit.

Ainsi que l'a dit G. Massey, un écrivain anglais connu pour ses savantes recherches historiques et religieuses : « *Les voyages de découvertes en ces* « *pays ignorés sont pleins de périls. Comme* « *l'Océan, le monde des esprits a des habitants* « *étranges et des formes d'existences inconnues.* « Néanmoins, la question de savoir si des esprits ou « des intelligences invisibles entrent en rapport avec « l'homme, est un fait que ne peut détruire la qua-« lité de l'être qui se communique, ou ses réponses « plus ou moins intelligentes. S'il y a des imposteurs « dans notre monde, pourquoi n'y en aurait-il pas « dans l'autre ? »

Swedenborg savait à quoi s'en tenir à ce sujet, car il nous met en garde contre la fausseté sans bornes de certains esprits, qui semblent plus mauvais que nos semblables. Cependant, sans aucun désir de nous tromper, ils le font souvent par suite de notre ignorance des conditions particulières où ils sont. Swedenborg connaissait très bien tous les phénomènes psychiques qui, d'après lui, étaient produits par des intelligences à divers degrés d'évolution intellectuelle.

Pour rendre compte des phénomènes psychiques, on s'est beaucoup servi de la force psychique, mais elle ne les explique pas tous, et W. Crookes l'a bien compris lorsqu'il a parlé de « l'intelligent opérateur « qui est au bout de la ligne », comparant ainsi les effets à ceux d'une ligne télégraphique où il faut deux personnes, l'une pour envoyer le télégramme et l'autre pour le recevoir. La force psychique n'est peut-être que la résultante du corps psychique, et l'action de cette force doit être assez limité.

On a dit aussi que les réponses provenant de l'écriture automatique étaient le reflet des pensées du médium ou des assistants; j'ai déjà donné des preuves de l'inanité de cette théorie; et des expériences personnelles où j'étais seul m'ont confirmé dans cette opinion. Non seulement les réponses étaient à l'opposé de mes idées, mais encore de mes désirs. Quant à l'hypothèse du sub-conscient, elle est absolument en opposition avec la logique des faits qui me concernent; aussi, plus que jamais, je la trouve inadmissible ou insuffisante.

J'ai parlé des diverses théories émises sur les phénomènes psychiques, quelques-unes sont curieuses, d'autres très ingénieuses, mais, en somme, ce ne sont que des théories, c'est-à-dire des idées creuses, sans aucunes preuves que les affirmations des théoriciens, affirmations sans cesse contredites par des faits nouveaux.

En étudiant avec soin les faits psychiques, on en arrive à conclure que des intelligences autres que celles du médium ou des assistants peuvent se communiquer.

Quelles sont ces intelligences ? Les opinions sont aussi variées que les hypothèses. En tous cas, je suis convaincu que ces intelligences n'ont rien de diabolique et que, semblables aux humains, il y en a de bonnes ou de mauvaises.

La mort ne peut pas améliorer l'état intellectuel des êtres humains, elle les transporte seulement sur un autre plan d'existence où on récolte ce qu'on a semé.

Il est possible que les intelligences, ayant été mauvaises sur la terre et restant liées à la sphère terrestre, cherchent encore à nous pousser au mal après la mort; mais nous n'avons à ce sujet aucune preuve positive. Si on admet la chose, on peut supposer que ces esprits pernicieux ou mauvais agissent sur les idées, ce qui expliquerait très naturellement ces états où on disait qu'un homme (ou une femme) était possédé du démon.

Aussi, je ne conseille pas à tout le monde de faire des expériences psychiques; les personnes faibles ou crédules peuvent être ainsi dominées par un esprit malfaisant et se trouver dans l'état d'un *sujet* suggestionné par un hypnotiseur. C'est l'effet qu'on voit se produire sur la terre, quand un magnétiseur puissant substitue ou impose sa volonté à un être plus faible.

Soyez très prudent dans vos séances ou expériences, et prenez vos précautions.

J'ai été très longtemps incrédule au sujet de ces phénomènes, mais j'ai eu le bonheur de constater, *de visu* et personnellement, de nombreux faits psychiques dont je puis raconter quelques-uns.

Mouvements d'objets sans contact.

Un soir, je causais avec un monsieur moins que spirite ou spiritualiste, et qui ne croyait ni à Dieu ni à diable. Tout d'un coup, un verre, qui se trouvait sur la table en marbre du salon, se mit à marcher tout seul en décrivant une courbe sur le marbre. Le monsieur, sentant bien qu'il s'était passé quelque chose d'anormal, pâlit, se leva d'un air interloqué, puis, revenant à son scepticisme, me dit : « Vous êtes « plus fort que Robert-Houdin. » Je lui affirmai que je n'avais pas le moindre droit au talent de prestidigitateur, et pour bien me convaincre qu'il y avait eu phénomène, je fis les expériences suivantes :

1° Je secouai légèrement la table, pour voir si un mouvement dans la maison ou une vibration quelconque n'avait pas déplacé tout naturellement le verre, mais celui-ci ne bougea pas ;

2° Non convaincu encore, je versai quelques gouttes d'eau d'une carafe sur le marbre et mis le verre sur l'eau, puis je remuai un peu la table ; le verre ne glissa pas, comme je l'avais supposé, un instant. Je fus alors certain qu'il y avait eu phénomène, car le verre fit encore un mouvement comme pour me narguer.

Une autre fois, chez mon confrère M. de N***, un éventail, qui était planté par le manche dans un coin de sa glace, se détacha brusquement et vint tomber au milieu de la chambre. M. de N*** me regarda d'un air très étonné, et, comme je préférai ne pas faire de commentaires, il s'écria : « On dirait que mon appartement est machiné. »

Ce qui me prouva bien qu'il y avait eu phénomène, c'est que si l'éventail avait mal tenu à la glace, il serait tombé d'abord sur la cheminée, puis aurait pu glisser ou rebondir par terre. Mais l'éventail fut *projeté en avant* et tomba à une certaine distance de la glace.

Ce sont les deux seuls faits de ce genre qui se soient produits devant moi.

Prémonition psychique.

Voici un fait des plus frappants et dont je puis garantir tous les détails.

En 1869, j'avais fait avec Delacour une comédie en trois actes qui fut jouée aux Variétés. La première représentation se passa assez bien, et le lendemain, me sentant un peu fatigué par les émotions de cette première, je ne sortis pas. Au moment où j'allais me coucher, j'entendis sur les murs, sur ma bibliothèque, sur ma table, des coups aussi violents que si on avait frappé avec un bâton. Remarquez que ce bruit anormal ne venait ni du plafond ni du plancher, ce qui aurait pu me les faire attribuer aux voisins.

Au premier abord, je ne savais ce que cela voulait dire; mais comme à cette époque j'étais déjà au courant des phénomènes dits spiritiques, je pensai qu'il y avait peut-être là un avertissement. Je dis mentalement que si c'était pour me prévenir qu'on faisait ces bruits, de ne pas les continuer; les coups, qui avaient été encore très violents, cessèrent subitement.

Le lendemain, voulant savoir à quoi m'en tenir, je m'approchai d'une petite table qui tout de suite se mit à se mouvoir comme si elle était animée. Ayant imposé les mains sur la table, comme des spirites me l'avaient indiqué, la table se souleva brusquement et je posai des questions par oui et par non, sur toutes espèces de choses, *car j'ignorais absolument sur quel point l'avertissement portait.* Ayant épuisé divers sujets, je pensai à ma pièce; aussitôt les réponses se précisèrent, et j'appris que ma pièce était *menacée*, ce dont je ne pouvais guère me douter, à en juger par la première représentation qui avait marché sans grand effet mais sans encombre.

La tiptologie, ou réponses par coups frappés, étant un moyen de communication très rudimentaire, il me fut impossible de savoir ce qui me menaçait.

J'allai voir Delacour qui traita cela d'histoire à dormir debout, car c'était un matérialiste endurci. En sortant de chez lui, je passai aux Variétés, et le régisseur m'apprit que la veille il y avait eu *une cabale* de certains membres d'un cercle, mécontents pour des causes qui n'intéresseraient plus personne actuellement.

Le soir, je me rendis au théâtre, et comme c'était un dimanche, personne des cercles ne vint, et la troisième représentation marcha sans anicroches, devant un public populaire. Je crus alors que mon avertissement n'avait été qu'une mystification avec ou sans esprit. Aussi, à la quatrième, le lundi, je restai chez moi, et Delacour, qui n'était pas bien portant, n'alla pas non plus au théâtre.

Le mardi matin, je passai prendre des nouvelles de Delacour, qui venait de recevoir une lettre de H. Cogniard (directeur des Variétés). Ce dernier lui disait que le tapage avait recommencé *lundi soir* et avait pris de telles proportions que, vu cette cabale, il était obligé d'arrêter la pièce.

Delacour, qui me savait incapable de le tromper, fut vivement frappé comme moi par cet avertissement extraordinaire. Il s'écria : « *Ce n'est pas possible, vous avez dû rêver ça* », et comme je lui affirmai que j'étais parfaitement éveillé, son scepticisme en fut fortement ébranlé.

Ces faits me prouvèrent combien la communication avait été indépendante de moi, car j'étais à cent lieues de penser à une cabale, que rien ne pouvait faire prévoir et dont personne ne se doutait au théâtre.

Robert Hare, le chimiste américain qui a expérimenté un des premiers ces phénomènes, dit ceci dans son livre. « Quand on entend des coups violents « dans son appartement ou sa chambre, qu'on se « persuade bien que l'esprit emploie tout simple-

« ment ce moyen, comme le ferait un individu frap-
« pant à la porte d'entrée, pour faire savoir qu'il y
« a quelqu'un là. Dès qu'on a compris l'appel, ou
« qu'on vient ouvrir, les coups cessent. »

Ce qui m'impressionna le plus dans cet avertissement c'est qu'il était presque aussi caractéristique que si on m'avait parlé. Si, à cette époque, j'avais connu *le psycographe*, j'aurais eu évidemment tous les détails de ce qui me menaçait. Quant à expliquer cela par la télépathie, le sub-conscient ou l'inconscient, c'est inadmissible, car aucune de ces causes ne peut produire des coups *intelligents*, ou même des bruits quelconques. Je m'en tiens donc à l'explication psychique et à l'action d'un *intelligent opérateur invisible,* comme l'a constaté si souvent W. Crookes et tant d'autres.

De 1865 à 1869, j'ai obtenu, avec le charmant compositeur, F. P***, des effets aussi concluants que ceux des fameuses séances de Milan avec Eusapia Palladino. Mais, à cette époque, aucun savant en France ne s'occupait de ces phénomènes que pour en rire, comme leurs ancêtres avaient ri du magnétisme. Depuis lors, fort heureusement, l'hypnotisme a paru, et son étude, de plus en plus poussée en avant, nous mènera bon gré mal gré au spiritualisme scientifique, en dépit de tous les dédains des matérialistes. F. P*** était un médium puissant, et, soit à deux, soit seul, nous avons obtenu qu'une table se tînt en l'air tout en n'étant appuyée que par un pied posé sur un canapé (à un demi-mètre du plancher), les trois autres pieds restant dans le vide, contrairement aux lois de la gravitation. De plus, la table s'est penchée plusieurs fois en avant sans tomber.

Toutes nos expériences ont eu lieu *en plein jour*, *ou le soir en pleine lumière*. Jamais nous n'avons eu besoin de faire la chaîne, de nous tenir par le bout des doigts..., etc... Il suffisait même à P*** de mettre un doigt au milieu de la table et elle se soulevait brusquement, souvent même se renversant sur lui.

A plusieurs reprises, j'ai su, un jour d'avance, que telle ou telle de mes pièces aurait du succès ou non. Comme il n'est pas un seul auteur qui ne doute de l'insuccès jusqu'au dernier moment, supposer que mon sub-conscient ait su d'avance les faits, tandis que mon super-conscient ignorait tout, me semble cent fois plus absurde que d'admettre l'avertissement d'une intelligence invisible quelle qu'elle soit.

La prédiction d'un insuccès est une chose si désagréable, que je variais les questions pour tâcher d'obtenir une atténuation du verdict, mais hélas! la réponse fatale ne variait jamais.

J'ai eu dans ma vie beaucoup d'avertissements de ce genre et vu nombre de phénomènes curieux; mais ce serait trop long à raconter.

Que tous les gens sans parti-pris ni préjugés se mettent à l'œuvre et cherchent courageusement.

Nous sommes au seuil de découvertes merveilleuses dans le domaine de ce qu'on a nommé le surnaturel, et que j'appellerai tout simplement l'anormal.

Tant pis pour ceux qui ne veulent pas voir. Du train dont tout marche actuellement, dans dix ou vingt ans seulement, ce que j'ai raconté dans ce volume n'étonnera plus que les indifférents par principe ou par intérêt.

APPENDICE I

Je ne puis me dispenser de donner quelques détails sur le congrès psychique de Chicago, qui a eu tant de retentissement parmi les personnes s'intéressant aux choses psychiques. Son succès a été complet.

Le président du congrès était le professeur Elliott Coues (dont j'ai déjà parlé). Voici l'abrégé de son discours d'inauguration :

« Les procédés des recherches psychiques sont
« d'un genre tout particulier; ils diffèrent entière-
« ment de ces côtés de la science qui concernent
« les recherches sur la matière.

« S'il est vrai que le corps de l'homme est com-
« posé de matière, sujette comme toute la matière
« à des forces chimiques ou mécaniques, il n'en est
« pas moins probable que cette matière dont
« l'homme est composé est sujette aussi à des forces
« plus élevées que nous appellerons vitales, et que
« ces *forces vitales* n'obéissent pas toujours à ces
« lois qui semblent gouverner les opérations des
« forces mécaniques et chimiques.

« Actuellement, on est aussi d'accord pour recon-
« naître que les phénomènes de la pensée ne sont

« pas explicables par l'opération de forces méca-
« niques ou physiques, quoique la pensée en appa-
« rence semble dépendre des forces matérielles.
« Les forces vitales d'un caractère plus élevé sont
« en général appelées spiritualistes, et leur mode
« d'action (qu'on les admette ou non) donne nais-
« sance à de nombreux phénomènes n'ayant été
« expliqués par aucuns savants, qui se sont ainsi
« montrés réfractaires aux sciences physiques
« connues.

« Les vues du comité du congrès seront très éten-
« dues. Ce comité considère comme digne d'examen
« les phénomènes suivants : *la psychométrie, la
« force odique, la lecture de la pensée, le télékiné-
« sime* (ou mouvements d'objets matériels en de-
« hors des lois de gravitation), *la téléplastie* (ou ce
« qu'on nomme en général matérialisation), sans
« compter *la télépathie*, si connue maintenant. »

Le professeur E. Coues a parlé aussi de *la téla-
coustique*, autrement dit des phénomènes de coups, attribués par les spirites aux êtres désincarnés. Il constate que les effets *télacoustiques* ne viennent d'aucune cause physique connue, et qu'on doit les attribuer à une intelligence autre que celle des gens présents. La trivialité de certaines réponses téla-coustiques ne doit, pas plus que leur absurdité occasionnelle, nous empêcher d'en considérer la grande importance psychique.

Le comité, ajoute E. Coues, a donc jugé que ce sujet méritait d'être examiné avec le plus grand soin [1].

---

1. La science psychique étant surtout la science de l'âme, le

Le professeur E. Coues a fait part au congrès de ses observations personnelles. Sa table de salle à manger, en chêne massif et très lourde, s'est plusieurs fois remuée *sans contact*, et des coups y ont été frappés. Voici les trois explications qu'il donne des phénomènes en général :

« 1° *L'explication spirite.* — Les désincarnés re« muent la table et en dirigent les mouvements, « quand elle répond à des questions selon un code « de convention Il n'y a aucune impossibilité *à* « *priori* que ce soit l'explication réelle ; mais est« elle vraie ou non est chose à voir.

« 2° *La théorie télékinétique* ou mouvements à « distance et sans contact produits par les personnes « présentes. — Cette théorie, qui se rapproche de « celle de la force psychique, est en opposition avec « les théories spirites. L'expression *télékinésis* est « tirée de mots grecs signifiant *au loin* et *mouve*« *ment*.

« 3° *La théorie mécanique*, autrement dit celle de « la force musculaire inconsciente. — C'est, dit-il, le « refuge habituel des physiologistes qui ont été « obligés d'admettre le mouvement des tables, mais « qui, peu ou point au courant des phénomènes psy« chiques, sont obligés de dire quelque chose pour « cacher leur ignorance. »

Voici les conclusions d'E. Coues :

« 1° La théorie mécanique est absurde et sans « valeur ;

congrès a donc étudié les questions très importantes que voici : « L'âme n'est-elle pas la cause et non l'effet de l'organisation physique? — Quelle est la différence entre l'âme, l'esprit, et le corps ? »

« 2° La théorie télékinétique est plus rationnelle
« et plus probable ;

« 3° La théorie spirite ou spiritualiste est à con-
« sidérer ; elle est très radicale, et, quoique moins
« probable que la théorie télékinétique, on ne
« doit pas la repousser comme impossible. »

*
* *

M. B.-F. Underwood [1] a lu une étude sur l'écriture
automatique.

« Les deux théories en présence, dit-il, sont celle
« du sub-conscient et celle de l'esprit désincarné. Si
« ces messages viennent d'un sub-conscient ou d'une
« conscience subliminale, pourquoi les messages
« sont-ils attribués à des intelligences différentes
« les unes des autres et à divers degrés d'avan-
« cement ; et surtout à des centaines de personnes
« mortes ?

« Pourquoi le sub-conscient nous tromperait-il
« aussi grossièrement ? S'il possède le moindre grain
« de bon sens, un peu de savoir et de jugement, il
« doit être capable de discerner ce qui vient de ce
« monde ou de l'autre, et le dire plus clairement. Si
« ce moi inférieur a la faculté de nous tromper et se
« figure être toutes les personnalités qu'il dit être,
« que penser du moi supérieur qui n'en sait rien.

« Il y a incontestablement des messages semblant
« venir d'intelligences désincarnées, car l'écriture,
« le style, les particularités d'expression de la per-
« sonne se disant tel ou telle, tout cet ensemble de

---

1. C'est le directeur du Journal religioso-philosophique de Chicago.

« faits *inconnus du médium* est caractéristique.
« Peut-on expliquer cela par la télépathie ou la dou-
« ble conscience? on l'a essayé, mais ces théories
« sont absolument insuffisantes. »

M. Underwood croit à une double conscience et il
en donne même des exemples. « Mais cela, dit-il,
« n'explique nullement l'écriture automatique. Tou-
« tes ces hypothèses n'ont qu'une valeur relative. »

Moi aussi, je crois, comme M. Underwood, à une
double conscience; mais jamais je n'admettrai que la
conscience inférieure domine l'autre, c'est aussi illogique que contraire au bon sens.

* * *

Voici maintenant ce qu'a dit *le professeur* OLIVER
LODGE (de la Société royale de Londres) au sujet
de la difficulté des expériences, concernant l'intelligence anormale qui se manifeste, soit dans les
paroles prononcées en état de *trance* (semi-léthar-
gie), soit dans les messages par l'écriture automatique.

« Quelques messages donnant des détails parti-
« culiers de personnes mortes, peuvent sembler
« convaincants pour des amis survivants, mais ne le
« sont pas pour tout le monde. Cependant, si l'écri-
« ture de la personne morte est reproduite exacte-
« ment par un écrivain automatique qui n'a jamais
« vu cette écriture, cela nous semble une preuve
« exceptionnelle [1].

« A première vue, des faits connus du mort et

1. J'en ai donné un exemple frappant, d'après le baron Hellenbach.

« inconnus de l'automatiste, s'ils sont reportés exac-
« tement, de façon à surpasser toutes les chances
« de coïncidence, paraissent une importante preuve
« de l'action mentale d'un décédé. Il se peut que la
« télépathie ne soit pas la vraie explication de ces
« phénomènes, peut-être viennent-ils de l'état de
« clairvoyance du vivant. »

Le professeur Lodge a terminé son article (que j'ai résumé) par ces mémorables paroles :

« Il me semble probable que pour la science psy-
« chique, comme pour toute autre science, la plus
« forte partie du scepticisme actuel sera détruite
« non par une expérience concluante, mais par des
« masses convergentes de faits venant de tous
« côtés.

« De plus, la brèche sera agrandie par la com-
« préhension graduelle, que *ces actions psychiques
« ne sont pas en opposition avec les lois de la na-
« ture*. Ce sont les premiers fruits de la terre pro-
« mise que nous avons vue de loin, mais qui n'est
« pas encore très explorée.

« *Ce serait une impardonnable bévue de la part
« des hommes de science, de supposer que tout ce
« qui peut être connu doit l'être par eux ; et une
« attitude non moins injustifiable, serait de croire
« qu'il n'est pas régulier ou scientifique d'explorer
« ou d'étudier certaines forces de l'univers.* »

* *

M. H.-B. POOLE (rédacteur de la *Revue psychique* de Boston) a lu un article sur la pensée et ses vibrations.

Il considère l'âme comme une sorte de tissu vital

réunissant les deux pôles de sa nature. L'un se relie à cet univers spiritualiste dont l'univers des sens n'est que le symbole; l'autre se rattache aux fonctions organiques de la vie animale.

La substance de l'âme est si affinée que les sens ne peuvent s'en rendre compte. Les dérivés de la substance de l'âme sont ce que M. Poole appelle les pensées. Ces dérivés diffèrent de l'âme comme les vagues diffèrent de l'eau. Ils ne sont pas la substance elle-même, mais les mouvements de la substance.

L'esprit de l'homme doit être entretenu et vivifié par d'invisibles sources venant des profondeurs de l'esprit universel, comme le corps est soutenu par des produits venant du monde physique.

Au sujet de la télépathie, il dit : « Partout où des « vagues de pensées sont répandues par un cerveau, « une loi subtile d'harmonie veut que des vagues « similaires soient attirées et produites par les cer- « veaux de ceux qui sympathisent mentalement. « C'est ainsi que deux instruments vibrent à l'unis- « son s'ils sont d'accord.

« La parole n'est que la forme symbolique et « physique de ces vibrations qui, dans un mode « d'existence plus élevé, serviront aux âmes à com- « muniquer entre elles. »

*
* *

M. Alfred Russel Wallace a envoyé un article très intéressant qui a été lu au congrès.

« Jamais aucun sujet n'a prêté au ridicule comme « celui des prétendues apparitions de morts et « même de vivants, soit qu'elles aient été vues par « une personne ou par plusieurs. L'imagination,

« la fraude, la maladie étaient des explications très
« suffisantes. Mais, en examinant avec soin ces ap-
« paritions, on a vu qu'elles étaient véridiques et
« objectives, comme le prouve la masse de preuves
« bien attestées que la Société des recherches psy-
« chiques a publiées. »

A. R. Wallace parle aussi du *sub-conscient* qui, dit-il, n'a jamais été clairement expliqué et prouvé.
« Cette hypothèse, aussi encombrante qu'inintelli-
« gible, est en grande faveur auprès de ceux qui ne
« veulent pas admettre l'action des désincarnés et
« qui la considèrent comme non scientifique. Pour-
« quoi cela serait-il moins scientifique que toute
« hypothèse servant à expliquer d'autres faits? c'est
« ce qui ne nous a jamais été démontré intelligem-
« ment. Les faits prétendus impossibles sont, les uns
« après les autres, reconnus comme des faits réels.
« Peu à peu on arrive à prouver que le monde
« scientifique a été complètement dans l'erreur en
« niant ces faits, sous prétexte qu'ils étaient con-
« traires aux lois de la nature.

« On nous dit souvent qu'il faut épuiser toutes les
« causes connues avant de recourir aux causes
« inconnues pour expliquer les phénomènes. J'ad-
« mets cela parfaitement, mais je ne vois pas en
« quoi cela se rapporte aux questions des phéno-
« mènes. »

Le sub-conscient ou sous-conscience, avec sa masse énorme de renseignements puisés on ne sait où, son caractère distinct, sa moralité inférieure, ses mensonges perpétuels, est simplement une explication théorique, comme l'est celle de l'action d'un décédé. En aucun cas on ne peut considérer ce sub-conscient comme *une cause connue* : l'appeler une hypothèse scientifique, et celle des esprits ou désincarnés, une hypothèse anti-scientifique, c'est tourner dans un dilemme sans issue.

* *

Mme REES a lu une étude sur des expériences faites en regardant un certain temps dans un verre d'eau claire. Diverses figures et différentes scènes se forment au fond du verre, d'une façon nuageuse d'abord, plus nette ensuite. La Société des recherches psychiques a publié, en 1890, un très curieux article sur ce sujet qui touche de très près à l'hypnotisme.

* *

Le professeur F.-H. MYERS a lu un important travail sur *les preuves de la survie de l'homme après la mort.* En voici un résumé succint publié dans un journal américain :

« Malgré les doutes scientifiques, M. F.-H. Myers
« se basant : 1° sur les renseignements donnés par
« les désincarnés à propos d'événements arrivés
« après leur mort, événements inconnus de celui
« auquel on les disait ; 2° sur des faits racontés par
« ces personnes mortes depuis longtemps, faits
« ignorés des vivants et dont on a vérifié rigou-
« reusement l'exactitude par des documents 3° sur
« des communications faites par l'écriture automa-
« tique et par des médiums *entrancés,* scientifique-
« ment mis à l'épreuve, M. Myers conclut que les
« soi-disant morts peuvent se communiquer à nous,
« et qu'avant peu ils pourront le faire d'une façon

« plus complète. Grâce à cette nouvelle science,
« dit M. Myers, nos morts aimés sortiront du
« tombeau. »

C'est un grand pas fait en avant par le savant professeur de Cambridge, qui ne s'était pas encore prononcé d'une façon aussi catégorique au sujet de la survie.

Que vont dire de cette marche en avant les savants anglais restés fidèles à la science officielle ? ils se contenteront probablement de hausser les épaules et retourneront à leurs chères études... matérialistes. Je crois pourtant que, d'ici quelques années, une scission bien nette se produira entre les arriérés et les avancés. Déjà les savants hypnotiseurs ont fait une forte brèche dans la citadelle matérialiste, et j'espère bientôt l'admirer à l'état de ruine. La lutte sera rude et pénible, car tous ces phénomènes sont tellement en dehors de nos idées de convention qu'il faudra un peu de temps pour venir à bout de la routine.

En somme, le congrès a eu beaucoup de succès et son influence se fera sentir pendant longtemps. Il a prouvé que des gens de science pouvaient s'occuper de questions psychiques sans paraître ridicules, ce qui n'était pas le cas il y a seulement vingt ans.

APPENDICE II

DOCUMENTS DIVERS

Voici quelques documents qui m'ont semblé importants à signaler, en dehors des nombreux faits que j'ai réunis dans mon livre.

* * *

Le docteur italien Finzi a fourni (dans un article lu devant le congrès psychique de Chicago) quelques observations au sujet de ses séances avec le médium Eusapia; elles eurent lieu à Naples,... *dans sa propre chambre*, et un autre savant, le professeur Gerosa, l'aida à obtenir des constatations photographiques des puissantes manifestations psychiques qui se produisirent à chaque séance.

Faisant allusion aux expériences de Milan, le docteur Finzi cite une remarque de M. Charles Richet, disant que les preuves fournies durant ces séances de Milan seraient parfaitement suffisantes pour des expériences chimiques, mais qu'on ne doit pas s'en contenter uniquement pour une enquête spiritualiste. Cela peut paraître partial à première vue ; mais quand on songe à la grande quantité d'expériences chimiques qu'il a fallu recommencer, on doit reconnaître que cette assertion a un semblant de vraisemblance.

Comme on demandait au docteur Finzi son opinion personnelle sur les séances psychiques qu'il a eues avec Eusapia, voici ce qu'il a répondu : « Après « vingt et une séances seulement, on ne peut se pro-« noncer définitivement, surtout si on songe qu'il « faut des centaines d'expériences pour établir le « plus petit point des *recherches physiques.* » Néanmoins, il ajouta : « qu'on devait *absolument rejeter* « toute supposition de fraude consciente, produite « par le médium avec l'aide de compères ou grâce « à des trucs de prestidigitation ».

Les deux expérimentateurs, docteur Finzi et professeur Gerosa, sont arrivés à cette conclusion, que les phénomènes étaient produits, soit par les dons psychiques du médium, soit par des forces mystérieuses, ou des intelligences agissant au moyen du médium.

Tous deux ont eu des preuves évidentes que cette dernière explication était la vraie ; mais ils pensent que ces preuves ne sont pas encore assez fortes pour s'imposer à ceux qui n'ont pas fait d'expériences ; cependant le docteur Finzi compte pour l'avenir sur des résultats de plus en plus concluants.

Le docteur Finzi n'aime pas les séances dans l'ombre complète, et il a bien raison, car c'est le moyen d'être trompé, *même inconsciemment*, par le médium. Le docteur donne le moyen de remédier à ce défaut, au moyen d'une lampe particulière ne donnant pas de lumière directe, mais pouvant produire dans l'air des vibrations électromagnétiques connues sous le nom de rayons ultra-violets. Le premier résultat serait qu'un appareil photographique pourrait constater tout ce qui se passerait dans une pièce non éclairée.

* *
*

Voici maintenant les opinions des professeurs Brofferio et F. de Amicis. Commençons par ce dernier, qui est directeur de la clinique de l'Université de Naples. « Bien instruit, dit-il, de tous les
« trucs auxquels on a recours pour la production
« de tels phénomènes, j'ai eu l'occasion de vérifier
« l'impossibilité absolue de cette action par Eusapia
« Palladino. Si on admet que ces faits sont produits
« par l'habileté mystificatrice d'Eusapia, c'est, je
« l'atteste, un acte de complète imbécilité de la part
« des témoins. Je puis moi-même, après avoir assisté
« à ces diverses expériences, affirmer sans réti-
« cences la réalité des phénomènes observés. »

Quant au professeur Brofferio, il a écrit un livre dont je vais citer quelques fragments, et qu'il a dédié à tous les spiritualistes qui n'ont pas craint le ridicule. Lui-même a eu le courage de ses opinions et, comme Lombroso, a opéré une volte-face complète. Il y a dix ans, Brofferio regardait les phénomènes dits spiritiques comme une superstition du xixe siècle, et une épidémie puissante mais transitoire, causée par la fermentation d'anciennes erreurs, par la peur de la mort, et par l'amour du merveilleux inhérent à l'humanité. Plus tard, ayant étudié la psychologie, puis le psychisme avec Eusapia et beaucoup d'autres médiums, le professeur est arrivé à cette conviction que : 1° les phénomènes sont réels; 2° que de toutes les explications données à ce sujet, celle des spiritualistes est de beaucoup la plus probable.

Il énumère la masse énorme de faits, les passe à une stricte analyse, pesant le pour et le contre, étudiant toutes les objections et ne craignant aucunes déductions logiques. En réalité, dit-il, les phénomènes médianimiques sont des faits et non des hallucinations. Il termine en disant qu'il ne faut rien nier de parti-pris, et pense avec Voltaire que l'obstination n'est simplement que l'énergie des imbéciles.

* *

Ne quittons pas l'Italie, sans parler d'un autre convaincu le docteur ERMACORA (de Padoue). « Peu « de savants, dit-il, ont été aussi incrédules que moi « au sujet de ces phénomènes. Ceux qui en dou- « teraient pourront se reporter à mes deux livres « *Pazzi e Anomali* et *Studij sull' l'Inoptismo*, où « j'étais bien près d'insulter les spiritualistes. » Un autre médecin italien le docteur GIUSEPPE MASUCCI a eu des séances à Naples avec Eusapia, et voici ce qu'il dit : « J'ai été obligé de démolir tout l'édifice de « mes convictions philosophiques, auxquelles j'avais « consacré une partie de ma vie. »

* *

Une autre curieuse conversion aux phénomènes psychiques est celle du docteur PORFIRIO PARRA, un savant distingué, et jusqu'alors l'un des apôtres de l'école positiviste au Mexique. Ses opinions ont complètement changé, à la suite d'un rigoureux examen des phénomènes, fait après avoir pris toutes les précautions les plus minutieuses. Les séances eurent lieu chez Donna L. Wright, où se trouvaient réunis trois médiums, Margarita, fille de cette dame, et deux autres dames. Ces séances furent suivies de plusieurs autres dans la propre maison du docteur. Ce dernier a continué ses investigations, et il est prêt à défendre ses nouvelles opinions, en prouvant qu'il ne les a pas adoptées à la légère; mais, comme beaucoup d'autres, il a été obligé de s'incliner devant les faits.

* * *

Autres opinions de savants anglais.

Le docteur Ashburner dit ceci : « J'ai si souvent
« constaté des manifestations médianimiques, que
« je ne pourrais pas, même si je le désirais, répudier
« les preuves que j'ai eues devant mes yeux. Je suis
« heureux de dire qu'actuellement, il y a des mil-
« liers de personnes qui, comme moi, ne peuvent
« douter de ce qu'elles ont vu. »

Cromwell Varley (l'ingénieur électricien dont j'ai déjà parlé), dans une lettre à William Crookes, remarque ceci : « Dans l'ancien et le nouveau
« monde, je ne connais pas d'exemple d'un homme
« de bon sens qui, ayant étudié avec soin les phéno-
« mènes, ne se soit pas rendu à l'évidence. »

Le docteur Campbell, de Londres, qui, comme le docteur Elliotson, était opposé aux phénomènes, en a reconnu la réalité.

Le docteur Johnston a remarqué « que, d'après
« l'opinion courante, les morts ne reviennent pas,
« mais cette opinion est en opposition avec celle de

« tous les temps et de toutes les nations. Parmi les
« peuples les plus ou les moins civilisés, non seule-
« ment on parle des apparitions des morts, mais on
« y croit. Cette opinion n'a pu devenir aussi uni-
« verselle que grâce à sa vérité. Que des sceptiques
« mettent en doute cette opinion, cela ne peut affai-
« blir en rien les preuves nombreuses qui existent,
« et beaucoup de ceux qui nient de vive voix,
« avouent la réalité des faits par leurs craintes de
« l'au delà.

« Lord Byron lui-même, le grand sceptique par
« excellence, a donné son opinion en quelques vers.

« Je pense, comme Johnston l'a dit, que depuis six
« mille ans, tous les peuples ont cru qu'à divers
« moments un mort a paru ou est revenu. Et ce
« qu'il y a de plus étrange, c'est que, malgré les
« révoltes de la raison contre une telle croyance, il
« y a quelque chose de si fort en sa faveur, que
« ceux qui veulent nier peuvent le faire, à leurs
« dépens. »

***

J'ajouterai à tous ces témoignages, les curieuses observations de deux grandes intelligences sur les phénomènes en général.

Voici ce que disait LA BRUYÈRE au XVIIe siècle, à propos de la magie et du surnaturel : « La théorie
« en est obscurcie, les principes vagues, incertains,
« mais il y a des faits embarrassants, affirmés par
« des hommes graves qui les ont vus. Les admettre
« tous ou les nier tous, paraît un égal inconvénient,
« et j'ose dire qu'en ceci, comme en toutes choses
« extraordinaires et qui sortent des communes

« règles, il y a un parti à trouver entre les âmes
« crédules et les esprits forts. »

Voici encore ce qu'écrivait l'illustre mathématicien Laplace, au xviii° siècle : « Nous sommes si
« éloignés de connaître tous les agents de la nature
« et leurs divers modes d'action, qu'il serait peu
« philosophique de nier l'existence des phénomènes,
« uniquement parce qu'ils sont inexplicables dans
« l'état actuel de nos connaissances. Seulement,
« nous devons les examiner avec une attention d'au-
« tant plus scrupuleuse, qu'il paraît plus difficile de
« les admettre. Il faut multiplier les observations ou
« les expériences, afin d'obtenir en faveur des
« agents qu'elles semblent indiquer, une probabilité
« supérieure aux raisons que l'on peut avoir d'en
« rejeter l'existence. »

*
* *

Matérialisations.

Dans les *Annales psychiques* de *mars 1894,* on a publié une série de notes sur *la matérialisation,* prises au courant de deux voyages faits en 1887 et 1893 aux États-Unis.

J'ai lu avec beaucoup de soin ces notes, et il ne me reste aucun doute au sujet des séances citées. Presque toutes ont eu lieu *chez des médiums publics;* c'est-à-dire dans les plus mauvaises conditions pour arriver à un résultat même approximatif.

J'ai dit mon opinion très nette à ce sujet, et je crois qu'on ne peut obtenir d'effets réels ou non contestables que si le médium (même public) est chez vous ou chez des amis sur lesquels on peut compter, et surtout si toutes les précautions sont prises, même contre l'inconscience du médium (une fois en léthargie). Dans les séances de matérialisation qu'on nous raconte, les garanties contre la fraude ont fait défaut, et l'auteur des notes en question aurait mauvaise grâce à nous présenter ce qu'il a vu comme de vraies matérialisations [1].

Plusieurs médiums cités ont refusé à l'auteur une séance privée à son hôtel, et c'est une très mauvaise note contre ces médiums, qui chez eux ont toute facilité d'introduire des compères mâles ou femelles. Les trois ou quatre médiums à pseudo-matérialisation qui se sont faits prendre à Londres en flagrant délit, usaient largement du compérage; c'est un genre tout neuf d'acteurs et d'actrices.

Quelquefois même, le médium se déguise avec des voiles de gaze, des fausses barbes ou des masques très fins en cire. Quant à faire machiner leurs appartements, les faux médiums s'en garderaient bien, car cela coûterait cher, et comme ils seraient

1. J'avais bien raison de me méfier de ce récit, car un des premiers médiums cités se trouve être la même Mrs Williams qu'on a prise dernièrement à Paris en flagrant délit de fraude, et d'une façon si incontestable, que toutes ses protestations n'ont servi de rien. Peut-être cette dame a-t-elle eu jadis des dons psychiques, mais comme je l'ai répété souvent, tôt ou tard quand ces dons viennent à manquer, les médiums publics les remplacent par des trucs ou des déguisements. J'espère que cette mésaventure rendra moins crédules les gens qui assistent à ce genre d'expériences, et qu'on ne croira à un phénomène aussi étrange que la matérialisation, que s'il a lieu dans les conditions les plus strictes d'examen.

pris tôt ou tard, cela leur coûterait encore plus cher. En outre, les voisins s'apercevraient facilement de ce petit travail de machination... non machiavélique.

*
* *

Dans cet ordre d'idées, voici ce que m'écrivait, en 1893, feu Donald Mac-Nab, ingénieur des arts et manufactures, dont j'ai eu déjà occasion de parler :

« Mes investigations particulières ont porté sur « les états de conscience des médiums, pendant que « les phénomènes se produisaient. Aucun phéno- « mène ne m'a surpris ni étonné ; ce sont des *pro- « cessus naturels*, car je n'admets pas le surnaturel...
« Quelquefois le médium emploie des moyens autres « que ceux qu'on attend, et alors on l'accuse de « fraude, bien à tort. Mes meilleures expériences de « matérialisation ont été faites avec un seul médium, « mais souvent j'ai eu affaire à cinq médiums qui se « trouvaient réunis par hasard ; alors les phéno- « mènes se produisaient *en plein jour ;* la maison « était devenue comme hantée.

« Néanmoins, les meilleures conditions pour n'être « pas trompé, c'est d'être seul avec le sujet ; de lui « proposer à brûle-pourpoint une expérience nou- « velle, dont il n'a jamais entendu parler.

« J'ai fait cela plusieurs fois, et la réussite dans « ces conditions écarte toute idée de fraude. »

M. Donald Mac-Nab a fait de nombreuses expériences et ce qui, selon moi, leur donne une grande valeur, c'est qu'il n'a pas eu affaire à des médiums publics ou payés. Certes, il y a des exceptions et elles confirment la règle, mais pour quelques médiums publics très puissants dans lesquels on a pu avoir confiance beaucoup d'autres ont été pris en flagrant délit de fraude. C'est la lutte (journalière) pour la vie qui le veut, car l'infortuné médium public, s'il ne peut pas produire le phénomène ou s'il ne se produit pas, est disqualifié; et s'il trompe même inconsciemment, il est brûlé!... Sa seule consolation, c'est qu'au moyen âge, il n'aurait pas été brûlé seulement au figuré!

***

Photographies Psychiques.

On s'étonnerait peut-être de mon silence au sujet de ce genre de phénomènes, aussi je tiens à en dire quelques mots. Je crois que la question n'est pas encore mûre, car Oxon, à l'époque, énonçait et dénonçait les divers trucs employés pour falsifier ce phénomène.

Les expériences, les plus curieuses dans cet ordre d'idées, sont celles de M. Traill Taylor, directeur du Journal anglais de photographie. Ce monsieur, qui a toutes les qualités d'un homme de science, est aussi un expert en chimie photographique et en recherches optiques : il a écrit divers ouvrages sur ces sujets qu'il connaît à fond, et de plus a été nommé membre honoraire de la Société Polytechnique impériale de Russie. Sa bonne foi est indiscutable.

En 1893, M. T. Taylor a fait diverses expériences avec M. D. Duguid, un mécanicien qui a des dons médianimiques très prononcés, et à ces expériences ont assisté un clergyman, un docteur membre de deux sociétés scientifiques, un savant, deux commerçants de Glascow, plus M. Glindining qui a publié le récit de ces séances sous forme de brochure, que j'engage tous ceux qui savent l'anglais à lire avec soin. C'est très curieux.

Toutes les précautions les plus minutieuses ont été prises, et les résultats ont été des plus intéressants. Plusieurs images de dames et d'hommes vinrent s'interposer sur le cliché, entre le médium et M. T. Taylor. Aucune des figures obtenues de cette façon ne fût reconnue par les personnes présentes, aussi M. Taylor se demande si ces images ne seraient pas des *cristallisations de la pensée* et si la lumière et la volonté n'ont rien à voir dans ce phénomène.

Il s'agit donc de savoir si ces images sont celles d'esprits, ou bien des projections de la pensée soit des assistants soit du médium. M. Fouillée a fait une longue étude sur les idées-forces, peut-être ses théories auraient-elles un appui inattendu dans ces phénomènes mystérieux.

On a pu aussi obtenir *l'image du médium quoique celui-ci ne fût pas présent au moment de l'expérience ;* cela ferait supposer que le corps psychique du médium a pu se détacher de lui et venir poser devant la chambre noire.

Le cerveau humain peut-il par la volonté produire une projection odique représentant l'image d'un parent qui est présent à la mémoire, ou sont-ce des esprits qui se manifestent ainsi, comme le croient les spirites? La question est complexe et mérite d'être étudiée avec soin avant de se prononcer définitivement.

Le docteur D. Clarke, dans ses voyages à travers les États-Unis, a eu, dit-il (dans le Journal illustré de Californie) la preuve que souvent des images apparaissaient sur les négatifs d'artistes qui ne savaient rien de la photographie psychique et n'y croyaient pas, jusqu'au jour où ils furent forcés de se rendre à l'évidence. Dans deux cas que cite le docteur, les images persistèrent à paraître, *malgré tous les moyens employés pour les en empêcher*. Aussi ces artistes, qui avaient des idées religieuses un peu exagérées, abandonnèrent-ils leur métier, parce qu'ils crurent que c'était le diable.

*
* *

Expériences du Docteur O. Lodge.

En novembre 1894, le Dr Oliver Lodge, professeur de physique à l'Institut scientifique royal de Dublin, a lu, devant les membres de la Société des recherches psychiques de Londres, un rapport sur ses expériences avec Eusapia Paladino, le médium dont j'ai parlé souvent.

Invité par le Dr Charles Richet à venir le retrouver dans une petite île près d'Hyères, le docteur partit avec son ami le professeur F.-M. Myers, et tous deux passèrent six jours (en juillet 1894) dans cette île où était venu les rejoindre le Dr Ochorowicz de Varsovie.

Le but de cette réunion de savants était d'étudier, *par les plus rigoureuses méthodes*, les phénomènes se produisant en présence d'Eusapia Paladino, une paysanne napolitaine.

« J'étais, dit le Dr Lodge, absolument sceptique au

APPENDICE II

« sujet *des mouvements produits sans contact,* mais
« mon scepticisme a dû se rendre devant la réalité
« des faits.

« Actuellement, j'ai donc la conviction que divers
« phénomènes de ce genre peuvent, dans certaines
« conditions, se produire d'une façon réelle et
« objective.

« Les faits que je puis garantir, comme ample-
« ment suffisants pour établir une vérité non recon-
« nue par la science sont *les suivants* (en prenant
« chaque fois les précautions pouvant empêcher
« toute action *normale* du médium) :

1° Les mouvements d'une chaise, visibles dans des circonstances qui rendaient toute action mécanique impossible ;

2° Les mouvements et les renflements d'un rideau de fenêtre, en l'absence de tout vent ou de toute cause ostensible ;

3° Le son des notes d'un piano que personne ne touchait ;

4° Un tour de clef donné visiblement à l'intérieur du salon, le transport de cette clef sur une table, puis sa remise en place sur la porte ;

5° Les mouvements d'une lourde table placée derrière le médium (loin d'elle) et son soulèvement dans des conditions où il serait impossible habituellement de soulever cette table ;

6° Des marques bleues paraissant sur une surface blanche, sans moyens ostensibles d'écriture ;

7° Les attouchements, pressions et caresses sur ma tête et mes bras pendant que les pieds et les bras du médium étaient maintenus.

Naturellement, les quatre savants s'étaient assurés que personne autre qu'eux n'avait pu prendre part à leurs expériences, pendant lesquelles ils constatèrent aussi l'apparition d'une large main, et le contour d'une forte figure, faisant ombre sur la lumière.

Comme le remarquait le directeur du *Light* où ce rapport a été publié[1], « les gens très forts qui « croient tout connaître, y compris *toutes les lois de* « *la nature* et toutes les limites de ce qui est pos- « sible, commenceront à réfléchir ».

En effet, les expériences des quatre savants ont été conduites d'après des méthodes d'examen et avec des précautions qui leur donnent une valeur spéciale. Le Dr Lodge et F.-H. Myers tenaient toujours les pieds et les mains du médium, de façon à ce qu'il ne pût remuer. Malgré tout, les phénomènes psychiques se produisirent, et les deux savants anglais purent avoir la preuve que toute fraude était impossible.

« Ces faits, dit le docteur, semblent renverser les « lois de la physique, mais je ne le crois pas. Cer- « taines choses paraissant anormales appartiennent « à l'ordre de la nature. »

C'est ce que pensait M. Mac-Nab, et c'est aussi mon opinion ; j'espère donc qu'avant peu les savants récalcitrants daigneront reconnaître ces faits qui leur semblent inadmissibles.

---

1. Ce rapport a paru d'abord dans le Journal de la Société des recherches physiques, puis dans le *Light*, que je recommande à tous ceux qui savent l'anglais.

TABLE DES MATIÈRES

Préface 1

PREMIÈRE PARTIE

Introduction 3
Chapitre I. Les phénomènes psychiques................. 12
— II. Psychologie des incrédules................ 33
— III. Écriture automatique et psychographie ou écriture directe. Opinions des professeurs F. H. Myers et Elliot Coues............ 45
— IV. La psychométrie. Résumé des travaux du docteur Buchanan et de W. Denton..... 69

DEUXIÈME PARTIE

Chapitre I. Le corps psychique. Opinions des anciens et des modernes....................... 83
— II. Les phénomènes psychiques de la mort. Curieuses expériences..................... 92
— III. Fantômes des vivants et des morts......... 102
— IV. La téléplastie (ou matérialisation).......... 117
    I. Étude de 1858 à 1872.................. 117
    II. Katie-King. Lettre de William Crookes 134

Chapitre V. Formes matérialisées 149
— I. Suite de l'étude de 1872 à 1893. Lettres
de A. Russel Wallace.................. 149
— II. Opinions et théories....................... 188
— VI. Conclusions................................... 197
APPENDICE. I. Le congrès psychique de Chicago (1893)... 207
APPENDICE. II. Documents divers........................... 217

Le Puy-en-Velay. — Imprimerie R. Marchessou.

Documents manquants (pages, cahiers...)
NF Z 43-120-13

www.ingramcontent.com/pod-product-compliance
Lightning Source LLC
Chambersburg PA
CBHW060133170426
43198CB00010B/1147